青春励志文学馆·少年成长智慧故事

# 你不勇敢，谁替你坚强

文祺 段红霞 ◎ 编著

长 春

## 成长寄语

安徒生很小的时候,他当鞋匠的父亲就过世了,留下他和母亲二人过着贫困的日子。

一天,他和一群小孩应邀到皇宫去晋见王子,请求赏赐。他满怀希望地唱歌、朗诵剧本,希望自己的表现能获得王子的赞赏。

表演完后,王子和蔼地问他:"你有什么需要我帮助的吗?"

安徒生自信地说:"我想写剧本,并在皇家剧院演出。"

王子把眼前这个有着大鼻子和忧郁眼神的男孩从头到脚打量了一遍,然后对他说:"背诵剧本是一回事,写剧本又是另外一回事,我劝你还是去学一门有用的手艺吧!"

怀揣梦想的安徒生回家后,不但没有去学糊口的手艺,却打破了他的存钱罐,向妈妈道别,到哥本哈根去追寻他的梦想。他在哥本哈根流浪,敲过所有哥本哈根贵族家的门,虽没有人理会他,但他从未想过退却。他一直写作史诗、爱情小说,但从未引起人们的注意。他虽然伤心,却仍然坚持写作。

1835年,安徒生随意写的几篇童话故事,出乎意料地引得儿童们争相阅读,许多读者渴望他的新作品发表,那一年,他30岁。

直至今日,《皇帝的新装》《丑小鸭》等安徒生童话,仍陪伴孩子们健康地成长。

人生不可能一帆风顺。因此,无论环境如何困苦,无论遇到多少失败和挫折,我们都不要向命运低头,一定要坚持,坚持,再坚持。只有这样,我们才能变得勇敢和强大,才能让自己的努力开花结果。

你不勇敢,谁替你坚强?你若强大,何需人帮?你若勇敢,何惧风霜?

# 目录 Contents

## 第一章 你可以改变命运，也可以决定命运

只有改变心态和环境，才能改变自己的命运 …… 002

想要改变命运，先要改变自己的内心 …… 004

有什么样的看法，往往就会有什么样的命运 …… 006

用正确的方式审视自己，一切都会改变的 …… 008

习惯都是自己养成的，我们有能力改变它 …… 010

很多事情在一开始，就已经决定了结局 …… 012

只有认识你自己，才能找回真正的你 …… 014

人生是个大市场，要珍视和发掘自己的价值 …… 017

## 第二章 把失败当成垫脚石，踩着失败走向成功

要想得到喝彩与掌声，就要付出超常的努力 …… 020

在屡战屡败面前，要保持屡败屡战的勇气 …… 022

每个人都有天赋，发挥天赋是成功的秘诀 …… 024

信心加上行动，是实现梦想的途径 …… 027

在一连串的挫折中，要坚守自己的使命 …… 030

不计较一时的得失，才能成就大事业 …… 033

敢于创造条件的人，才可以创造成功 …… 035

看似不可能的事，完全可以变为可能 …… 037

你不勇敢，谁替你坚强

## 第三章　迈出了第一步，接下去的路就好走多了

选择一条自己的路，并且要一路走下去 ……………………………… 040
把一件事坚持做下去，终会胜利 ………………………………………… 042
不要半途而废，尤其是在快要成功的时候 …………………………… 044
别放弃最后一次希望，因为转机即将出现 …………………………… 046
身陷困境中时，要相信一切都能应付过去 …………………………… 048
靠诚实和勤劳，最终一定会迎来好运 ………………………………… 050
要想收获果实，就必须先播种 ………………………………………… 055
留心才能生悟，熟练方可生巧 ………………………………………… 057

## 第四章　勇敢地迎接挑战，才能无愧于人生

不必知道有多难，无知者才能无畏 …………………………………… 060
走一条别人没有走过的路，才能成为开拓者 ………………………… 062
只要专注于一件事，年龄可以忽略不计 ……………………………… 064
我们只要活着，就应该勤奋学习 ……………………………………… 066
无论发生什么事，都没有什么大不了的 ……………………………… 069
当弱点受到挑战时，用强项去迎接挑战 ……………………………… 072
经历的坎坷和磨难，是人生的一笔财富 ……………………………… 074
当弹起人生的乐章时，就不要停止 …………………………………… 077

你不勇敢，谁替你坚强

## 第五章 保持积极的心态，就会有积极的人生

你改变了心态，生活也会随之改变 …………………………… 080

即使在厄运面前，也要保持积极的心态 ………………………… 082

保持积极的心态，积极地行动起来 ……………………………… 084

相信"这也会过去"，一切都将会过去 ………………………… 086

上帝是公平的，没有谁的人生是完美的 ………………………… 088

有目标的人生，才是充满希望与活力的人生 …………………… 090

不要轻易相信权威，要相信的是自己 …………………………… 095

不要相信别人说不能解决，便以为真的不能解决 ……………… 097

## 第六章 不要在不经意间，错过一些最重要的东西

输掉了比赛并不重要，重要的是要赢得人生 …………………… 100

生命中有很多事，是需要慢慢去等的 …………………………… 103

珍惜现在拥有的一切，别让它悄然地离去 ……………………… 106

做可以做的事，别让每一天轻易地溜走 ………………………… 108

只有好好地把握住今天，才能创造美好的明天 ………………… 110

为了避免留下遗憾，就要走好人生的每一步 …………………… 112

如果想成大事，就必须要有人生的远见 ………………………… 114

细心观察身边发生的事情，往往会大有收获 …………………… 116

一时的粗心大意，会造成严重的后果 …………………………… 118

所有的荣誉都像玩具，只能玩玩而已 …………………………… 120

# 第一章

## 你可以改变命运，也可以决定命运

我们的命运是可以改变的吗？当然可以。不仅如此，我们还可以决定自己的命运。在这个世界上，只有一个人可以改变和决定我们的命运，这个人就是我们自己。

## 只有改变心态和环境,才能改变自己的命运

不是命运不可改变,而是你根本没想去改变。——勃朗宁

在一次火灾事故中,消防员从废墟里抢救出了一对孪生兄弟——波恩和嘉琳,他们是此次火灾中仅存下来的两个人。

兄弟俩很快被送往当地的一家医院,虽然两人死里逃生,但大火已把他俩烧得面目全非,大家都为兄弟俩惋惜。

波恩整天对着医生唉声叹气:"我成了这个样子,以后还怎么出去见人,还怎么养活自己?"波恩对生活失去了信心,他总是自暴自弃地说:"与其这样活着,还不如死了算了。"

嘉琳努力地劝波恩:"这次大火只有我们两个得救了,因此我们的生命显得尤为珍贵,我们的生活最有意义。"

兄弟俩出院后,波恩还是忍受不了别人的讥讽,他偷偷地服了安眠药离开了人世。而嘉琳却坚强地生存了下来,无论遇到多少冷嘲热讽,他都咬紧牙关挺了过来,嘉琳一次次地暗自提醒自己:"我生命的价值比谁都高贵。"

有一天,嘉琳还是像往常一样送一车棉絮去加州。天空下着雨,路很滑,嘉琳把车开得很慢。突然,嘉琳发现不远处的一座桥上站着一个人。他紧急刹车,车滑进了路边的一条小沟里。嘉琳还没来得及靠近年轻人,年轻人已经纵身跳进了河里。年轻人被他救起后，又连续跳了3次，直到嘉琳因为救他差点被大水吞没，年轻人才打消了自杀的念头。

没想到，嘉琳救起的这位年轻人竟然是位亿万富翁，富翁很感激嘉琳，便决定和嘉琳一起干事业。

经过几年的努力，嘉琳拥有了一家资产近3.2亿美元的运输公司。

几年后医术发达了，嘉琳用挣来的钱修整好了自己的面容。

## 成 长 智 慧

在相同的境遇下，不同的人会有不同的命运。一个人的命运不是由上天决定的，也不是由别人决定的，而是由自己决定的。一个人若想改变自己的命运，最重要的是要改变自己——改变心态，改变环境，这样命运也会随之改变。

## 想要改变命运,先要改变自己的内心

**名 人 名 言**

一个人的内心是什么样的,他就是什么样的人。——卢梭

兔子是世界上最温驯的动物,它只吃青草,谁也不伤害。可是,它却被狐狸、狼、老虎等很多野兽伤害,这太不公平了!有一天,兔子向上帝诉苦,它不想再做兔子了,希望上帝改变一下它的命运。

上帝很仁慈,他马上答应了兔子的要求:"好吧,你想变成什么?"

兔子说:"我想变成一只鸟,在天空中自由地飞来飞去,那些野兽就再也抓不着我了。"

上帝把兔子变成了鸟。没过几天,兔子又来诉苦:"仁慈的上帝呀,我再也不想做鸟了。我在天上飞,天上的老鹰想抓住我;我在树上筑巢,树上的毒蛇想咬死我。这样的日子实在是太可怕了!"

上帝又问兔子:"你想怎么样呢?"

兔子说:"我想变成大海里的一条鱼,海里没有老鹰,没有毒蛇,我才能安心地过日子。"

上帝又把兔子变成了鱼。可是,鱼的处境似乎更糟,因为大海里到处都有"大鱼吃小鱼,小鱼吃虾米"的争斗。过了几天,兔子又请求上帝把它变成人。兔子说："人是万物之灵，他们住在坚固的钢筋水泥房子里，使用各种先进的武器装备，任什么凶猛的野兽也不能伤害他们。相反，那些在山林里威风十足的狮子和老虎，全被他们关在笼子里，供他们观赏取乐，那些蛇呀鹰呀，都成了他们餐桌上的美味……"

上帝又把兔子变成了人，心想，这下总该满意了吧！可是，过了不久，兔子照样来向上帝诉苦："太可怕了！到处都在流血，到处都是尸体，到处都是废墟……我再也没法活了！"原来人类间发生了战争，数以万计的士兵互相残杀，无数的平民流离失所，死于饥饿和寒冷。

上帝又问兔子："你想怎么样呢？"

兔子说："我想到另一个世界去，你把我变成上帝吧！"

上帝没有答应兔子的这个要求，他说："上帝只有一个，上帝多了也会打架！"

## 成 长 智 慧

想改变自己的命运固然是件好事，但不可只追求表面形式上的改变，应该先要改变自己的内心。只有改变了自己的内心，才能真正地改变自己的命运，否则只能是越改命运越坏。

## 有什么样的看法，往往就会有什么样的命运

命运是个奇怪的东西，有时一个想法就可以改变它。——约翰逊

有两个乡下人，外出打工。他们一个要去纽约，一个要去华盛顿，可是在候车厅等车时，他们都改变了主意。因为他们听邻座的人议论说，纽约人精明，外地人问路都收费；华盛顿人质朴，见了吃不上饭的人，不仅给面包，还送旧衣服。

要去纽约的人想，还是华盛顿好，挣不到钱也饿不死，幸亏没上车，不然真掉进了火坑。

要去华盛顿的人想，还是纽约好，给人带路都能挣钱，还有什么不能挣钱的？幸亏还没上车，不然真失去一次致富的机会。

于是他们在退票处相遇了。原来要去纽约的得到了去华盛顿的票，原来要去华盛顿的得到了去纽约的票。

去了华盛顿的人发现，华盛顿果然好。他初到华盛顿的一个月，什么都没干，竟然没有饿着。不仅银行大厅里的水可以白喝，而且商场里欢迎品尝的点心也可以白吃。

去了纽约的人发现，纽约果然是一个可以发财的城市。干什么都可以赚钱，带路可以赚钱，弄盆凉水让人洗脸也可以赚钱。只要想点办法，再花点力气，什么都可以赚钱。

凭着乡下人对泥土的感情和认识，第二天，他在建筑工地装

了10包含有沙子和树叶的土,以"花盆土"的名义,向不见泥土而又爱花的纽约人兜售。当天他在城郊间往返了6次,净赚了50美元。一年后,凭"花盆土"他竟然在纽约拥有了一间不小的门面。

在常年的走街串巷中,他又有了一个新的发现:一些商店楼面亮丽而招牌较黑。他一打听才知道,原来清洁公司只负责洗楼不负责洗招牌的结果。他立即抓住这一空档,买了人字梯、水桶和抹布,办起了一个小型清洗公司,专门负责擦洗招牌。几年以后,他的公司已有150多名员工,业务也发展到了多个城市。

有一次,他坐火车去华盛顿考察清洗市场。在火车站,一个捡破烂的人把头伸进软卧车厢,向他要一只空啤酒瓶,就在递酒瓶时,两人都愣住了,因为5年前,他们曾换过一次票。这个捡破烂的人,就是当年改去华盛顿的那个人。

## 成 长 智 慧

在每个人的一生中,都有很多次可以改变自己命运的机会,是往好的方面改变,还是往坏的方面改变,完全有赖于一个人对当时情形的认识。也就是说,有什么样的看法,往往就会有什么样的命运。

## 用正确的方式审视自己,一切都会改变的

在这个世界上,真正了解自己的人凤毛麟角。——王阳

几十年前,在纽约北郊曾住着一位叫沙姗的姑娘,她自怨自艾,认定自己的理想永远实现不了。她的理想就是跟一位潇洒的白马王子结婚,然后白头偕老。沙姗整天梦想着,周围的姑娘都先后成家了,可她却成了大龄女青年,她认为自己的梦想永远不可能实现了。

在一个雨天的下午,沙姗在家人的劝说下去找一位著名的心理学家。握手的时候,她那冰凉的手指让人心颤,还有那哀怨的眼神,如同坟墓中飘出的声音,苍白憔悴的面孔,都在向心理学家暗示:我是无望的了,你会有什么办法呢?

心理学家沉思良久,然后说道:"沙姗,我想请你帮我一个忙,我真的很需要你的帮忙,可以吗?"

沙姗迟疑地点了点头。

"是这样的。我家要在星期二办个晚会,但我妻子一个人忙不过来,你来帮我招呼客人,怎么样?明天一早,你先去买一套新衣服,不过你不要自己挑,你只问店员,按她的主意买。然后去做个发型,同样按理发师的意见办,听好心人的意见是有益的。"

心理学家接着说："到我家来的客人很多，但互相认识的人不多，你要主动帮我招呼客人，代表我欢迎他们，要注意帮助他们，特别是那些显得孤单的人。我需要你帮助我照料每一个客人，你明白了吗？"

沙姗一脸不安，心理学家又鼓励她说："没关系，其实很简单。比如说，看谁没咖啡就端一杯，要是太闷热了，开开窗户什么的。"沙姗终于同意一试。

星期二这天，沙姗发式得体，衣衫合身地来到了晚会上。按着心理学家的要求，她尽心尽力，只想着帮助别人，她眼神活泼，笑容可掬，完全忘掉了自己的心事，她成了晚会上最受欢迎的人。晚会结束后，有三个青年提出了要送她回家。

一个星期又一个星期，三个青年热烈地追求着沙姗，她最终答应了其中一位的求婚。望着幸福的新娘，人们都说心理学家创造了一个奇迹。

## 成 长 智 慧

如果总是孤影自怜，孤芳自赏，其结果就是你走不进别人的心里，别人也走不进你的心里。只有用正确的方式审视自己，生活才能变得轻松愉快，事业才能变得一帆风顺。

## 习惯都是自己养成的，我们有能力改变它

很多人都毁在了不良嗜好上。——康德

有一个时期，美国富豪保罗·盖蒂抽香烟抽得很凶。

有一天，他度假开车经过法国，那天正好下着大雨，地面特别泥泞，开了好几个钟头的车子之后，他在一个小城里的旅馆过夜。吃过晚饭他回到自己的房里，很快便入睡了。

盖蒂深夜两点钟醒来，想抽一支烟。打开灯，他自然地伸手去找他睡前放在桌上的那包烟，却发现盒是空的。他下了床，搜寻衣服口袋，结果也一无所获。

他又在行李里搜索，希望在其中一个箱子里，能发现他无意中留下的一包烟，结果他又失望了。他知道旅馆的酒吧和餐厅早就关门了，这时候要把不耐烦的门房叫过来，太不堪设想了。他唯一能得到香烟的办法是穿上衣服，走到火车站，但它至少在6条街之外。

情况看来并不乐观。外面仍下着雨，他的汽车停在离旅馆尚有一段距离的车房里，而且，别人提醒过他，车房是在午夜关门，第二天早上6点才开门的。而且能够叫到计程车的机会，也接近于零。

显然，如果他真的要抽一支烟，就只能冒雨走到车站。但是想抽烟的欲望不断地侵蚀着他，并越来越强。于是他脱下睡衣，开始穿外衣，衣服都穿好了，他伸手去拿雨衣，这时他突然停住了，开始大笑，笑自己的行动是多么的不合乎逻辑，甚至是荒谬。

盖蒂站在那儿寻思，一个所谓的知识分子、一个所谓的商人、一个自认为足够理智的人，竟要在三更半夜，离开舒适的旅馆，冒着大雨走过好几条街，仅仅是为了得到一支烟。

盖蒂生平第一次意识到这个问题，他已经养成了一个不能自拔的习惯，他愿意牺牲极大的舒适去满足这个习惯，他的这个习惯显然没有好处。他的头脑很快清醒过来，片刻就做了决定。

他下定了决心后，把那个仍然放在桌上的烟盒揉成一团，丢进废纸篓里。

然后他脱下衣服，再度穿上睡衣回到床上。带着一种解脱，甚至是胜利的感觉，他关上灯，闭上眼，听着打在窗上的雨点声，几分钟之内，他进入了深沉、满足的睡眠中。

自从那天晚上后，他再也没抽过一支烟，也没有抽烟的欲望。

### 成 长 智 慧

常做一件事就会成为习惯，而一旦形成习惯，它就会控制我们。我们既然有能力养成习惯，当然也有能力去除不好的习惯。

## 很多事情在一开始，就已经决定了结局

虽然事情的结局往往出人预料，但一切的发生又都是合理的。——约翰·洛克

两个不如意的年轻人，一起去寺中拜望一位老师父："师父，我们在办公室被欺负，太痛苦了，求你开示，我们是不是该辞掉工作？"两个人一起问。

师父闭着眼睛，隔半天吐出五个字："不过一碗饭。"就挥挥手，示意年轻人退下了。

回到公司，一个人马上递交了辞呈，回家种田，另一人则继续留在公司。

日子飞快，转眼十年过去了。回家种田的年轻人以现代化方法经营，加上品种改良，他居然成了农业专家。留在公司的年轻人也不差，他忍气吞声，努力学习业务知识，渐渐受到器重，后来居然成了经理。

有一天，两个人不期而遇。

"奇怪，师父同样对我们说'不过一碗饭'这五个字，我一听就懂了。不过一碗饭嘛，日子有什么难过？何必硬留在公司，所以我才辞职。"农业专家问经理，"你当时为何没听师父的话呢？"

"我听了啊，"经理笑道，"师父说'不过一碗饭'，多受气，多受累，只不过是为了混碗饭吃，老板说什么是什么，少赌气，少计较就成了，师父不是这个意思吗？"

两个人又去拜望老师父，师父已经很老了，他仍然闭着眼睛，隔半天答了五个字："不过一念间"，然后挥挥手，示意他们退下了。

### 成 长 智 慧

人生有时就是很奇怪，很多事情在一开始就已经决定了结局，这完全是当时一念之间的认识所造成的。所以，在遇到决定命运的大事时，不要仓促做决定，应该多想想。

## 只有认识你自己,才能找回真正的你

很多人在人生路上走着走着,结果迷失了自己。——斯宾诺莎

有一次,美国从事个性分析的专家罗伯特·菲利浦,在办公室接待了一个因企业倒闭、负债累累、离开妻女到处流浪的流浪汉。

那人进门打招呼说:"我来这儿,是想见一见这本书的作者。"说着,他从口袋中拿出一本名为《自信心》的书,那是罗伯特许多年前写的。

流浪汉继续说:"一定是命运之神在昨天下午把这本书放入我的口袋中的,因为我当时决定跳入密西根湖,了此余生。我已经看破一切,所有的人(包括上帝在内)已经抛弃了我,但还好,我看到了这本书,使我产生新的看法,为我带来了勇气及希望,并支持我度过昨天晚上。我已下定决心,只要我能见到这本书的作者,他一定能帮助我再度站起来。现在,我来了,我想知道你能替我这样的人做些什么。"

在他说话的时候,罗伯特从头到脚打量着流浪汉,他茫然的眼神、沮丧的神情以及十来天未刮的胡须向罗伯特暗示,他已经无可救药了。但罗伯特不忍心对他这样说。罗伯特请他坐下来,要他把自己的故事完完整整地说出来。

听完流浪汉的故事,罗伯特想了想,说:"虽然我没有办法帮助你,但如果你愿意的话,我可以介绍你去见一个人,他可以帮助你赚回你所损失的钱,并且协助你东山再起。"罗伯特刚说完,流浪汉就立刻跳了起来,他抓住罗伯特的手,说道:"看在上帝的分上,请带我去见这个人。"

他这样迫不及待,显然他心中仍然存有一丝希望。所以,罗伯特拉着他的手,引导他来到一块窗帘布前。罗伯特把窗帘布拉开,露出一面高大的镜子,罗伯特指着镜子说:"就是这个人。在世界上,只有这个人能够使你东山再起,除非你坐下来,彻底认识

这个人，否则，你只能跳到密西根湖里，因为在你充分认识这个人之前，对于你自己或这个世界来说，你都将是一个没有任何价值的废物。"

流浪汉朝着镜子走了几步，他用手摸摸长满胡须的脸，对着镜子里的人从上到下打量了几分钟，然后后退几步，低下头，哭泣起来。过了一会儿，罗伯特送他离去。

几天后，罗伯特在街上碰到了这个人，他不再是一个流浪汉的形象，他西装革履，步伐轻快有力，头抬得高高的，原来的茫然、沮丧、落泊都消失不见了。他说，他非常感谢罗伯特先生，是罗伯特先生让他重新找回了自己。

后来，那个人真的东山再起，成了芝加哥的一名富翁。

## 成 长 智 慧

古希腊时，戴尔菲城的神庙大门上镌刻着一句警言："认识你自己。"是的，在很多时候，很多人并不知道自己是个什么样的人，这不仅是人们常常存在的一种误区，而且往往也是人类很难超越的人性的弱点。要解决这个问题很简单，照照镜子，你或许就能找回自信，找回那个真正的自己。

## 人生是个大市场，要珍视和发掘自己的价值

**名人名言**

每个人都是独特的，每个人的价值都是无价的。——贝尔纳

一个年轻人觉得自己什么事也做不好，大家都说他没用，还又蠢又笨。于是，他找到老师诉说烦恼。

老师说："孩子，我很遗憾，现在帮不了你，我得先解决自己的问题。"老师停顿了一下，接着说："如果你先帮我个忙，我的问题解决了之后，或许我可以帮助你。"

"哦……如果能帮您的忙，我很荣幸，老师。"年轻人很不自信地回答说。

老师把一枚戒指从手指上摘下来，交给小伙子说："骑着马到集市上去，帮我卖掉这枚戒指，我要还债。要卖一个好价钱，最低不能少于一个金币。"

年轻人拿着戒指离开了。一到集市，他就拿出戒指。人们围上来看，而当年轻人说出戒指的价格后，有人嘲笑他，有人说他疯了，只有一位老人出于好心向他解释，一个金币是多么值钱，用来换这样一枚戒指是多么不值。有人想用一个银币和一些不值钱的铜器来换这枚戒指，但年轻人拒绝了。

年轻人骑着马悻悻而归。他沮丧地对老师说："对不起，我没有换到您要的一个金币，也许可以换到几个银币。"

"年轻人,"老师微笑着说,"首先,我们应该知道这枚戒指的真正价值。你再骑马到珠宝商那里去,告诉他我想卖这枚戒指,问问他给多少钱。但是,不管他说什么,你都不要卖,带着戒指回来。"

年轻人来到珠宝商那里,珠宝商在灯光下用放大镜仔细地观察戒指后说:"年轻人,告诉你的老师,如果他现在想卖,我最多给他58个金币。"

"58个金币?"小伙子不敢相信自己的耳朵。

"是啊,我知道,要是再等等,也许可以卖到70个金币。但是我不知道你的老师是不是急着要卖……"珠宝商说。

年轻人激动地跑到老师家,把珠宝商说的话告诉老师。

老师听后说:"孩子,你就像这枚戒指,是一件举世无双、价值连城的珠宝,但是,只有真正的内行才能发现你的价值。我们每个人就像这枚戒指,在人生这个大市场里要自我珍视,同时也要努力,让我们遇到的人,就算不是内行,也能发现我们真正的价值。"

年轻人顿悟,他立刻舒展了眉头。

## 成长智慧

一个人既然能够存在于这个世界上,就说明他有存在的价值。人生就好比是一个大市场,你认为自己的价值有多大,别人也会认为你的价值有多大。

# 第二章

## 把失败当成垫脚石，踩着失败走向成功

没有经过失败的成功不会长久，成功之人也享受不到真正的喜悦。可以说，任何人的成功都不是一帆风顺的，他们之所以成功，是因为他们能够把失败当成垫脚石踩在脚下，踩着它一步步地走向成功。

## 要想得到喝彩与掌声，就要付出超常的努力

只有这样的人才配生活和自由，假如他每天为之而奋斗。——歌德

世界上的雄辩家，有很多都是在最初被认为是说话笨拙的人，狄里斯就是其中一个。

狄里斯出生于公元382年，在西欧被称为"历史性的雄辩家"。据说，他天生声音低沉，呼吸短促，口齿不清，旁人经常听不懂他在说些什么。

不过，他的知识非常渊博，因此他的想法也相当深邃，他很擅长分析事理，几乎无人能出其右。

当时，在狄里斯的祖国首都雅典，有很严重的政治纷争，因此，能言善辩的人格外受重视，一向能预见时代潮流和历史发展趋势的狄里斯，认为自己缺乏说话技巧很容易被时代淘汰。于是他做了一番周密细致的思考，准备好演讲的内容后，才从容地走上了演讲台，但很不幸，他遭遇了惨败。

原因就在于他声音低沉、肺活量不足及口齿不清，以至于别人无法听清楚他所说的话。但是，狄里斯并不灰心，他反而比过去更努力，锻炼自己的胆量和意志。

他每天都跑到海边，对着浪花拍打的岩石大声喊叫，回家以后，又对着镜子看自己说话的嘴型，做发音练习，一直持续不辍。

狄里斯就是这样努力了好几年，直到他27岁时，终于再度走上台向众人演说。

辛苦的努力总算有了成果。他这次的演讲得到了许多人的喝彩与掌声，而狄里斯的名气也就这样大了起来。

**成 长 智 慧**

谁都想得到别人的喝彩与掌声，谁都想取得令人羡慕的成功，但这得之不易，需要我们付出超越常人的努力。唯有如此，我们才能超越自己，超越别人。

## 在屡战屡败面前,要保持屡败屡战的勇气

唯有强者才会不断地将失败击倒。——高尔文

保罗·高尔文是个身强力壮的爱尔兰农家子弟,他的一生充满进取精神。13 岁时,他见别的孩子在火车站月台上卖爆玉米花,他不由得被这个行当吸引了,也一头闯了进去。

但是他不懂得,早已占住地盘的孩子们并不欢迎有人来竞争。为了使他懂得这个道理,他们抢走了他的爆玉米花,把它们全部倒在街上。

第一次世界大战以后,高尔文从部队复员回家,他在威斯康星办起了一家电池公司。可是无论他怎么卖劲折腾,产品依然打不开销路。有一天,高尔文离开厂房去吃午餐,回来只见大门上了锁,公司被查封了,高尔文甚至不能再进去取出他挂在衣架上的大衣。

1926 年,高尔文又跟人合伙做起收音机生意来。当时,全美国估计有 3000 台收音机,预计两年后收音机的数量将增加 100 倍,而这些收音机都是用电池做能源的,于是他们想发明一种灯丝电源整流器来代替电池。这个想法本来不错,但产品还是打不开销路。眼看着生意一天天走下坡路,工厂看上去又要停业倒闭了。

此时高尔文通过邮购销售的办法招揽了大批客户。他手里一有了钱，就办起了专门制造整流器和交流电真空管收音机的公司。可是没出3年，高尔文依然破产了。

这时他已陷入绝境，只剩下最后一个挣扎的机会了。当时他一心想把收音机装到汽车上，但有许多技术上的困难有待克服。

到1930年底，他的制造厂账面上已净亏损374万美元。在一个周末的晚上，他回到家中，妻子正等着他拿钱来买食物、交房租，可他摸遍全身只有24美元，而且还是借来的。

然而，高尔文并没有停止奋斗，经过多年的不懈努力，高尔文终于成了腰缠万贯的富翁。他盖起的豪华住宅，就是用他的第一部汽车收音机的牌子命名的。

### 成长智慧

通向成功的路并非是一帆风顺的，我们会遭受很多挫折和失败，成功的关键在于能否屡败屡战。要相信，有失才有得，有大失才能有大得。当你似乎已经走到山穷水尽绝境时，离成功也许仅一步之遥了。

## 每个人都有天赋，发挥天赋是成功的秘诀

有大成就者，不在于他力量的大小，而在于能否发挥天赋。

——约翰生

台湾地区著名漫画家朱德庸，25岁就红透宝岛，他的作品《双响炮》《涩女郎》《醋溜族》等不仅在台湾地区经久不衰，而且在内地也非常畅销。但令人想不到的是，小时候的朱德庸却是一个差生。

朱德庸天生对图形很敏感，但对文字类的东西接受起来却很困难。在学生时期，他一直认为自己非常笨。读中学的时候，朱

德庸完全没有办法接受刻板的"填鸭式"教育方式,他像个皮球一样被许多学校踢来踢去,就连最差的学校也不愿意接收他。

开始他也像老师们一样认为自己非常笨。十几岁以后他才明白,自己不是笨,是有学习障碍。他发现自己天生对文字反应迟钝,但对图形很敏感。

谈到求学时的痛苦经历,朱德庸说:"我的求学过程非常悲惨!学习障碍、自闭、自卑,只有画画使我快乐。"画画是唯一能让朱德庸感到放松的事情。他说:"外面的世界我没法待下去,唯一的办法就是回到自己的世界,因为这个世界里有我的快乐。在学校里受了老师的打击,我敢怒不敢言,但一回到家我就画他,狠狠地画,让他死得非常惨,然后自己的心情就变好了。"

他的父母为他伤透了脑筋,他们动不动就被老师叫到学校去,听老师训话,还时常要带着小德庸到各个学校看人家的脸色,求人家收留这个学生。幸运的是,朱德庸的父母从不给他施加压力,一直任他自由发展。他的爸爸会经常裁好白纸,整整齐齐地订起来,给他做画本。

朱德庸后来回忆说:"如果我的父母也像学校老师一样逼我学习,那我肯定要死……每个人都有天赋,但是有些人的天赋被他们的家长或者被社会的习惯意识遮盖了,进而就丧失了。"在这一点上朱德庸很感谢自己的父亲,在他小时候非常想画画又总拿着笔画个不停的时候,他的父亲没有阻止他,反而很支持他。

关于天赋,朱德庸有非常精彩的见解:

"我相信,人和动物是一样的,每个人都有自己的天赋,比如老虎有锋利的牙齿,兔子有高超的奔跑、弹跳能力,所以它们

能在大自然中生存下来。人也是一样，不过是很多人在成长过程中把自己的天赋泯灭了，就像有的人被迫当了医生，而他可能是怕血的，那他不会快乐。人们都希望成为老虎，而这其中有很多只能是兔子，久而久之，就成了四不像。我们为什么放着优秀的兔子不当，而一定要当老虎呢？社会就是很奇怪，本来兔子有兔子的本能，老虎有老虎的本能，但是社会强迫所有的人都去做老虎，结果出来一批烂老虎。我还好，天赋或者说本能，没有被掐死。"

### 成长智慧

什么是天赋？天赋是指上天赋予我们的才能，这种才能是与生俱来的，而且还是与众不同的。每个人都有各自的天赋，即使是智商很低的人也有。找到自己的天赋所在，并发挥它，是许多成功人士成功的秘诀。

## 信心加上行动,是实现梦想的途径

没有人事先了解自己到底有多大的力量,直到他试过以后才知道。——歌德

1968 年的春天,罗伯·舒乐博士立志在加州用玻璃建造一座水晶大教堂。

他向著名的设计师菲利浦·约翰森表达了自己的构想:"我要的不是一座普通的教堂,我要在人间建造一座伊甸园。"

约翰森问他预算时,舒乐博士坚定而明快地说:"我现在一分钱也没有,然而 100 万美元与 400 万美元的预算对我来说没有区别。重要的是,这座教堂本身要具有足够的魅力来吸引捐款。"

教堂最终的预算为 700 万美元,700 万美元对当时的舒乐博士来说是个超出了能力范围、甚至超出了理解范围的数字。

当天夜里,舒乐博士拿出一页白纸,在最上面写上"700 万美元",然后又写下 10 行字:

1. 寻找 1 笔 700 万美元的捐款;
2. 寻找 7 笔 100 万美元的捐款;
3. 寻找 14 笔 50 万美元的捐款;
4. 寻找 28 笔 25 万美元的捐款;
5. 寻找 70 笔 10 万美元的捐款;

6. 寻找 100 笔 7 万美元的捐款；
7. 寻找 140 笔 5 万美元的捐款；
8. 寻找 280 笔 2.5 万美元的捐款；
9. 寻找 700 笔 1 万美元的捐款；
10. 卖掉 10000 扇窗，每扇 700 美元。

60 天后，舒乐博士用水晶大教堂奇特而美妙的模型打动了富商约翰·可林，他捐出了第一笔 100 万美元。

第 65 天，一位倾听了舒乐博士演讲的农民夫妇，捐出了 1000 美元。

第 90 天，一位被舒乐孜孜以求精神所感动的陌生人，在生日的当天寄给舒乐博士一张 100 万美元的银行支票。

8个月后,一名捐款者对舒乐博士说:"如果你的诚意与努力能筹到 600 万美元,剩下的 100 万美元由我来支付。"

第二年,舒乐博士以每扇 500 美元的价格请求美国人,认购水晶大教堂的窗户,付款的办法为每月 50 美元,10 个月分期付清。6 个月内,1 万多扇窗户全部售出。

1980 年 9 月,历时 12 年,可容纳 1 万多人的水晶大教堂竣工,它成为世界建筑史上的奇迹与经典,也成为世界各地前往加州的人必去观赏的胜景。

水晶大教堂最终的造价为 2000 万美元,全部是舒乐博士一点一滴筹集而来的。

## 成 长 智 慧

人们常说,行动是最美的誓言。但行动往往需要一种内在的动力来支撑,这种内在的动力就是信心。面对困难,只要我们树立坚定的信心,再以积极的行动配合,我们心中的梦想就会变成现实。

## 在一连串的挫折中,要坚守自己的使命

**名人名言**

聪明出于勤奋,天才在于积累。——华罗庚

奥古斯特·罗丹,19世纪法国伟大的雕塑家,西方近代雕塑史上继往开来的一代大师,他的雕塑作品《思想者》是现代世界最著名的塑像。

罗丹出身于巴黎拉丁区的一个公务员家庭。父亲一直希望罗丹能掌握一门手艺,过殷实的生活。但是罗丹从小醉心于美术,为此,父亲曾撕毁罗丹的画,将他的铅笔投入火炉。罗丹的功课成绩都很差,上课时他也在画画,老师曾用戒尺狠狠地打他的手,使他有一个星期不能握笔。在姐姐的资助下,罗丹上了一所工艺美校,在此,他学习了绘画和雕塑的一些基本知识,并立下志向要当一名雕塑家,并把雕塑作为自己的使命。

罗丹去报考著名的巴黎美专,可能是由于他的作品太不符合主考者的口味,一连三次他都没有被录取。罗丹遭到如此重创,他决定再也不报考官方的艺术学校了。不久,一直资助他的姐姐病逝,罗丹心灰意懒,决心进修道院赎罪。后来,在修道院长的鼓励下,罗丹重新树立起从事艺术的志愿,半年后他离开了修道院。

在罗丹几乎丧失信心的时候,他在工艺美校时的老师勒考克

一直鼓励他。同时他也遇到了他的模特兼伴侣罗丝，在她的支持下，罗丹开始了他的创作生涯。

罗丹创作的头像《塌鼻人》遭到了学院派的鄙视，但罗丹仍是夜以继日地工作着。他曾在比利时和雕塑家范·拉斯堡合作，稍稍有了一点积蓄。利用这点钱，罗丹访问了意大利的佛罗伦萨、罗马等地，研究了那里保存的各个时期的艺术大师的作品。这次游历使罗丹获得极大的收获，回布鲁塞尔后他就精心构思，创作出了作品《青铜时代》。

由于雕像过于逼真，罗丹竟被指控从尸身上模印。罗丹百般申辩，经过官方长时间的调查，才证明这确系罗丹的艺术创作，一场风波就此平息，而罗丹也因此声名鹊起。

从比利时回到法国，罗丹的创作已部分地受到了上流社会的认可。1880年，他接受政府的委托，为筹建实用美术博物馆设计大门。罗丹以意大利诗人但丁《神曲》中的《地狱篇》为题材，构思了规模宏大的《地狱之门》。这件作品整个创作前后费时达20年，最后也没有正式完成，但部分构思却在别的作品中有了体现。

1891年，罗丹受法国文学协会之托制作的巴尔扎克纪念像再一次遭到非议，一些人认为作品太粗陋草率，像一个裹着麻袋片的醉汉。文学协会在舆论哗然之下，拒绝接受这个纪念像。

1900年巴黎三国博览会上，一个专设的展厅陈列了罗丹的171件作品。成千上万的人涌来看《地狱之门》《巴尔扎克》和《雨果》，来自世界各国的艺术家和社会名流纷纷向罗丹表示祝贺和敬意。罗丹在法国之外的世界获得了极大的声誉，各国博物馆争相购买他的作品,罗丹终于获得了成功。

1904年,罗丹被设在伦敦的国际美术家协会聘为会长,罗丹的荣誉达到了一生的顶峰。

罗丹并未就此止步,他唯一的生命便是雕塑。罗丹开始雕塑比真人还大一倍的《思想者》。罗丹亲身感受到脱离了兽类之后的思想者承受的压力,他通过塑像来表现这种拼搏的伟大。《思想者》是罗丹最后一部史诗性的作品,当塑像完成后,他也筋疲力尽了。

## 成长智慧

使命感是人们赋予自身的一种责任感。一个具有使命感的人,往往具有顽强的意志力,能在一连串的挫折中经受住考验,从而锻炼自己的意志力,使自己成为一个勤奋、勇敢和富有创新精神的人。

## 不计较一时的得失，才能成就大事业

别为一时得失而困扰，眼光要高远。——高尔基

日本东京岛村产业公司及丸芳物产公司董事长岛村芳雄，不但创造了著名的"原价销售法"，还利用这种方法，由一个一贫如洗的店员变成了一位产业大亨。

岛村芳雄初到东京的时候，他在一家包装材料厂当店员，薪金十分微薄，时常囊空如洗。由于没钱买东西，岛村下班后唯一的乐趣就是在街头闲逛，观察行人的服装和他们所提的东西。

有一天，岛村又像往常一样在街上漫无目的地溜达，无意中，他发现许多行人手中都提着一个纸袋，这些纸袋是买东西时商店给顾客装东西用的。一个念头在岛村的脑中闪现了，他认定这种纸袋一定会风行一时，做纸袋生意一定会大赚一笔。

考虑到自己一无经验，二无资金，岛村创造了一种新的销售方法，即"原价销售法"，从而在激烈的商业竞争中站稳了脚跟，并为日后的发展打下了雄厚的基础。

所谓原价销售法，就是以一定的价格买进，然后以同样的价格卖出，在这个过程中，中间商没有赚一分钱。岛村先从冈山的麻绳厂商那里，以每条5角钱的价格大量买进45厘米规格的麻绳，然后按原价卖给东京一带的纸袋工厂。这种完全无利润的生意做了一年后,东京一带的纸袋工厂都知道岛村出售的麻绳确实便宜,订货单像雪片一样从各地源源而来。

岛村见时机成熟,便开始着手实施自己的第二步行动。他先拿着购货收据,前去订货客户处诉苦:"你们看,到现在为止,我是一毛钱也没有赚你们的。如果再让我这样继续为你们服务的话,我便只有破产了。"

交涉的结果是,客户被岛村的诚实和信誉所感动,他们心甘情愿地把购货价格提高为每条5角5分。

接下来,岛村又与冈山的麻绳厂商洽谈:"您一条麻绳卖给我5角钱,我是一直按原价卖给别人的,因此才得到这么多的订货。如果这种赔本生意让我继续做下去的话,我只有关门倒闭了。"

冈山的麻绳厂商一看岛村开给客户的收据存根,大吃一惊。这样甘愿不赚钱做生意的人,他们还是生平第一次遇到。于是,这些厂商们没有多加考虑,就把麻绳的价格降低为每条4角5分。

如此一来,以当时一天1000万条的交货量来计算,岛村一天的利润就可以达到100万元。创业两年后,岛村就名利双收了。

## 成 长 智 慧

真正的智者,真正的有抱负、理想远大的人,不会计较一时的得失,他们往往把眼光投向更远处,看到自己此时的损失能够为未来带来的好处。

## 敢于创造条件的人,才可以创造成功

世上没有绝望的处境,只有对处境绝望的人。——费洛姆

1995年,法国记者博迪突然心脏病发作,导致四肢瘫痪,而且丧失了说话的能力。

被病魔袭击后的博迪躺在医院的病床上,他头脑清醒,但是全身的器官中,只有左眼还可以活动。

可是,他并没有被病魔打倒,虽然口不能言,手不能写,他还是决心要把自己在病倒前就开始构思的作品完成并出版。

出版商便派了一个叫门迪宝的笔录员来做他的助手,门迪宝每天工作6小时,给他的著述做笔录。

博迪只会眨眼,所以他通过眨动左眼的方式与门迪宝进行沟通,他逐个字母地向门迪宝背出他的腹稿,然后由门迪宝抄录出来。门迪宝每一次都要按顺序把法语的常用字母读出来,让博迪选择,如果博迪眨一次眼,就说明字母是正确的。如果是眨两次,则表示字母不对。

由于博迪是靠记忆来判断词语的,因此有时就可能出现错误,有时他又要滤去记忆中多余的词语。开始时他和门迪宝并不习惯这样的沟通方式,所以中间也产生不少障碍和问题。刚开始合作时,他们每天用6小时默录词语,每天只能录一页,后来慢慢地增加到了每天录 3 页。

历经几个月的艰辛之后,他们终于完成了这部著作。据粗略估计,为了写这本书,博迪左眼共眨了 20 多万次。

这本不平凡的书有 150 多页,已经出版,它的名字叫《潜水衣与蝴蝶》。

**成 长 智 慧**

成功是需要很多条件的,比如,健全的体魄、聪明的头脑、坚韧不拔的精神等,但这些条件并不是每个人都具备的。一个成功者,他从不苛求条件,而是竭力创造条件——哪怕他只剩下一只眼睛可以眨。

## 看似不可能的事，完全可以变为可能

看似不可能的事，只要转变一下思路，就变得完全可能。

——陈安之

有一家效益相当好的大公司，为扩大经营规模，决定高薪诚聘一名营销主管。广告一打出来，报名者云集。

面对众多应聘者，招聘工作的负责人说："相马不如赛马，为了能选拔出高素质的人才，我们出一道实践性的试题：就是想办法把木梳尽量多地卖给和尚。"

绝大多数应聘者感到啼笑皆非，甚至愤怒：出家人要木梳何用？这不明摆着拿人开涮吗？于是他们纷纷拂袖而去，最后只剩下三个应聘者：甲、乙和丙。

负责人交代："以 10 日为限，届时向我汇报销售成果。"

10 日后。

负责人问甲："卖出多少把？"答："1 把。""怎么卖的？"甲讲述了历经的辛苦，他游说和尚应当买把梳子，没有收到效果，还惨遭和尚的责骂。好在下山途中他遇到一个小和尚一边晒太阳，一边使劲挠头皮，他灵机一动，递上木梳，小和尚用后满心欢喜，于是买下一把。

负责人问乙："卖出多少把？"答："10 把。""怎么卖的？"

乙说他去了一座名山古寺，由于山高风大，进香者的头发都被吹乱了，他找到寺院的住持说："蓬头垢面是对佛祖的不敬。应在每座庙的香案前放把木梳，供善男信女梳理鬓发。"住持采纳了他的建议。那山有十座庙，于是买下了10把木梳。

负责人问丙："卖出多少把？"答："1000把。"负责人惊问："怎么卖的？"丙说他到了一个颇具盛名、香火极旺的深山宝刹，朝圣者、施主络绎不绝。丙对住持说："凡来进香参观者，多有一颗虔诚之心，宝刹应有所回赠，以做纪念，保佑其平安吉祥，鼓励其多做善事。我有一批木梳，您的书法超群，可刻上'积善梳'三个字，便可做回赠。"住持大喜，立即买下1000把木梳。得到"积善梳"的施主与香客也很高兴，一传十、十传百，朝圣者更多，香火更旺。

毫无疑问，最后丙得到了那个职位。

## 成 长 智 慧

对于有些人来说，"不可能"这三个字，就是一座不可逾越的高山，在它面前会止住前进的脚步。而对于有些人来说，"不可能"这三个字，却是一条通向成功彼岸的大船。原因在于，后者拥有信心和积极的思考，而前者正是缺乏信心和积极的思考。

# 第三章

## 迈出了第一步，接下去的路就好走多了

在开始做一件事的时候，我们常常会犹豫不定、瞻前顾后，生怕做不好，而越是存在这样的心理，往往就越做不好。所以，大胆地迈出第一步很重要。一旦我们迈出了第一步，接下去的路就好走多了。

## 选择一条自己的路,并且要一路走下去

世界上最快乐的事,莫过于为理想而奋斗。——苏格拉底

巴黎面包师波廉做的法国黑面包,行销全球。

波廉从父亲手中接下面包店时,他立志走不一样的路。所以,他决定不做新口味面包,而是找回几乎已被人们遗忘的老口味的面包。

波廉用了两年时间,登门求教了一万多个老烘焙师傅。等研究结束,他已经尝了75种从没吃过的面包,而且还就整个研究过程写了本书,这本书至今仍是法国各地烹饪学校的必备教科书之一。此外,他还有一间专门收集各种有关面包书籍的私人图书馆,里面藏书超过2000册。

经过这番研究,波廉发现以前的法国面包是黑面包,而不是现在人们熟悉的白面包。波廉解释说:"传统的黑面色,因为是穷苦人家吃的,二次大战以后,几乎销声匿迹。而来自外地的白面包,象征有钱及自由,于是成为新宠。"

基于民族情感和市场定位,波廉不做白面包,他将全部精力投入复古味的黑面包上。

其实,面包师傅所做的工作并不特别复杂或困难,但是必须全神贯注。波廉说:"三种相同的原料就能做出千种以上不同的

面包，这是因为水与面粉混合的比例、生产地气候、发酵时间，甚至烤炉设计及燃料来源，都会影响面包的味道。"因此，波廉坚持要用砖及黏土制造的烤炉进行烘烤，而且燃料一定要用木材。他发现唯有如此，生产出来的面包送到其他地方再加温，才能保持原味。

由于各地条件不一定能完全符合面包的生产条件，波廉也就没有在全球各地开分店。为了做世界各地的生意，波廉便将面包厂设在巴黎机场附近，然后依靠机场旁的联邦快递转运中心，及时将面包送到世界各地。

波廉的面包顾客满天下，它受到世界人民的喜爱。

## 成 长 智 慧

无论做什么，都要全心地投入。选择好了自己要做的事，就要专心致志、全力以赴地去做；选择了一条自己的路，就要一直走下去。只有这样，才能超越别人并有所成就。

## 把一件事坚持做下去,终会胜利

**名人名言**

做一件事不难,难的是坚持做下去。——鲍勃·康克林

24岁的约翰逊是一个平凡的美国人,他以母亲的家具做抵押,得到了500美元贷款,他用这笔钱开办了一家小小的出版公司。

他创办的第一本杂志是《黑人文摘》。为了扩大发行量,他有了一个非常大胆的想法:刊登一系列以"假如我是黑人"为题的文章,请白人在写文章的时候把自己想象成黑人,严肃地对待这个问题。

他想,如果请罗斯福总统的夫人埃莉诺写一篇这样的文章是最好不过了。于是,约翰逊便给罗斯福夫人写了一封请求信。

罗斯福夫人给约翰逊回信说她太忙,没有时间写。约翰逊见罗斯福夫人没有说自己不愿意写,就决定坚持下去,一定要请罗斯福夫人写一篇文章。

一个月后,约翰逊又给罗斯福夫人写了一封信。夫人回信仍说太忙。此后,约翰逊每个月都给罗斯福夫人写一封信。夫人也总是回信说连一分钟的空闲也没有。约翰逊依然坚持写信,他相信,只要他坚持下去,总有一天夫人是会有时间的。

一天,他在报上看到罗斯福夫人在芝加哥发表讲话的消息,他决定再试一次。他打了一份电报给罗斯福夫人,问她是否愿意趁在芝加哥的时候为《黑人文摘》写那篇文章。

罗斯福夫人终于被约翰逊的坚持打动了,她寄来了文章。结果,《黑人文摘》的发行量在一个月之内由5万份增加到15万份。这件事成了约翰逊事业的重要转折点。

后来,约翰逊的出版公司成为美国第二大的黑人企业。

## 成 长 智 慧

做任何一件事,都要有始有终,不要轻易放弃。如果放弃了,你就永远没有成功的可能。遭受挫折时,你要反复地告诉自己:把这件事坚持做下去。

## 不要半途而废,尤其是在快要成功的时候

很多人倒在了成功终点的前一米。——梅里美

有一名熨衣工人住在拖车房屋中,周薪只有60美元。他的妻子上夜班,虽然夫妻俩都工作,但赚到的也只能勉强糊口。他们的孩子耳朵发炎了,他们只好连电话也拆掉了,省下钱给孩子买抗生素治病。

这位工人希望成为作家,他每天晚上和每个周末都不停地写作,打字机的噼啪声不绝于耳。他的余钱全部用来支付邮费,寄稿件给出版商和经纪人。

他的作品全被退了回来。退稿信很简短,非常公式化,他甚至不敢确定出版商和经纪人究竟看没看过他的作品。

一天,他读到一本小说,令他想起了自己的某部作品,他把作品的原稿寄给那部小说的出版商,出版商把原稿交给了皮尔·汤姆森。

几个星期后,他收到了汤姆森热诚亲切的回信,说原稿的瑕疵太多。不过汤姆森确信他有成为作家的潜质,并鼓励他再试试看。

在此后的18个月里,他又给编辑寄去了两份原稿,但都被退还了。他开始试着写第四部小说,不过由于生活窘迫,经济上捉襟见肘,他有了放弃的打算。

一天夜里,他把原稿扔进垃圾筒。第二天,他妻子把它捡回来。"你不应该半途而废,"她告诉他,"特别是在你快要成功的时候。"

他瞪着那些稿纸发呆,他感到成功遥不可及。但他妻子却相信他会成功,一名他从未见过面的纽约编辑也相信他会成功。因此,他重新鼓足勇气,每天仍坚持写1500字。

写完之后,他把小说寄给汤姆森,不过他以为这次又准会失败。可是他错了,汤姆森的出版公司预付了2500美元给他。

这个人就是史蒂芬·金,史蒂芬·金的经典恐怖小说《嘉莉》就这样诞生了。这本小说后来销售了约500万册,还被拍摄成电影,成为1976年卖座的电影之一。

## 成 长 智 慧

没有人能一步登天,失败只是暂时的。不要因为暂时的失败而半途而废,尤其是在快要成功的时候,只要再坚持一下,就会拥抱成功。

# 别放弃最后一次希望,因为转机即将出现

对于一切事物,希望总比绝望好。——歌德

美国海关没收了一批脚踏车,海关决定公告后将其拍卖。拍卖会中,每次叫价的时候,总有一个十岁出头的男孩最先喊价,他总是以五美元开始出价,然后眼睁睁地看着脚踏车被别人用三十、四十美元买走。拍卖暂停休息时,拍卖员问那个小男孩为什么不出高价买车。男孩说,他只有五美元。

拍卖会又开始了,那个男孩还是喊价五美元,然后脚踏车都被别人用较高的价钱买走了。后来人们开始注意到那个总是最先出价的男孩,他们也想看看事情到最后会有什么结果。拍卖会马上要结束了。这时,只剩一辆最棒的脚踏车,它的车身光亮如新,有多种排挡、十段杆式变速器、双向手煞车、速度显示器和一套夜间电动灯光装置。

拍卖员问:"有谁出价呢?"

这时,站在最前面,而几乎已经放弃希望的那个小男孩轻声地再说了一次:"五美元。"

拍卖员停止唱价,只是停下来站在那里。

这时,所有在场的人将目光全部投向这个小男孩,没有人出声,没有人举手,也没有人喊价。直到拍卖员唱价三次后,他大声地宣布:"这辆脚踏车归这个穿短裤、白球鞋的小伙子所有!"

此话一出,全场热烈鼓掌。小男孩拿出握在手中仅有的五美元钞票,买了那辆最漂亮的脚踏车,他脸上露出了灿烂的笑容。

**成 长 智 慧**

我们在生命中,除了要有胜过别人、压过别人、超越别人的信心之外,更应该持有不肯放弃最后一丝希望的决心。这不但可以赢得别人的同情和敬佩,也会赢得成功。

你不勇敢，谁替你坚强

## 身陷困境中时，要相信一切都能应付过去

没有希望，就没有努力。——约翰逊

辛·吉尼普的父亲生重病的时候已经60岁了，仗着他曾经是全州的拳击冠军，有着硬朗的身子，才一直挺了过来。

那天，吃罢晚饭，父亲把全家人召到病榻前。他一阵接一阵地咳嗽，脸色苍白。他艰难地扫了每个人一眼，缓缓地说："那是在一次全州冠军对抗赛上，对手是个人高马大的黑人拳击手，而我个子矮小，被对方一次次地击倒，牙齿也出血了。休息时，教练鼓励我说：'辛，你不痛，你能挺到第12局！'我也说：'不痛，我能应付过去！'我感到自己的身子像一块石头、像一块钢板，对手的拳头击打在我身上发出空洞的声音。跌倒了又爬起来，爬起来又被击倒了，但我终于熬到了第12局。对手战栗了，我开始了反攻，我是用我的意志在击打，长拳、勾拳，又一记重拳，我的血同他的血混在一起。眼前有无数个影子在晃，我对准中间的那一个狠命地打去……他倒下了，而我终于挺过来了。哦，那是我唯一的一枚金牌。"

说话间，父亲又咳嗽起来，额上汗珠滚滚而下。他紧握着吉尼普的手，苦涩地一笑："不要紧，才一点点痛，我能应付过去。"

那段日子，正碰上全美经济危机，吉尼普和妻子都先后失业了，经济十分拮据。父亲又患上了肺结核,因为没有钱医治,只好一直拖到死。

父亲死后,家里境况更加艰难。吉尼普和妻子天天出去找工作,晚上回来,总是面对面地摇头,但他们不气馁,互相鼓励说:"不要紧,我们会应付过去的。"

后来,吉尼普和妻子都重新找到了工作。当他们坐在餐桌旁静静地吃着晚餐的时候,他们总要想到父亲,想到父亲的那句话:"我能应付过去。"

## 成 长 智 慧

当我们感到生活艰苦难耐的时候,要咬牙坚持,学会在困境中对自己说:"一切都会好起来的!我能应付过去!"那么,一切都会过去,一切都会好起来。

## 靠诚实和勤劳,最终一定会迎来好运

想成为幸福的人吗?但愿你首先学会吃得起苦。——屠格涅夫

这是一个广为流传的故事,这个故事激励了无数人,也改变了无数人的命运。

父亲去世了,约翰是家里的长子,所以,他必须承担起照顾全家的责任。那年他16岁。

约翰到镇里最有钱的法官多恩那儿去要一美元,那是法官买约翰父亲的玉米时欠下的钱。法官多恩把钱给了他。然后,法官说,约翰的父亲曾向他借了40美元。"你打算什么时候还给我你父亲欠我的钱?"法官问约翰。"我希望你不要像你的父亲那样,"法官说,"他是个懒汉,从不卖力气干活。"

那年夏天,约翰其余时间都到别人的田里干活。除了每天晚上和星期天全天在自己家的地里干活,到了夏天结束的时候,约翰积攒了5美元交给法官。

冬季天气太冷,不能耕种,约翰的朋友塞夫给他提供了一个在冬季挣钱的机会。塞夫告诉约翰,靠狩猎获取兽皮能够挣到很多钱。但是他说,约翰需要花75美元买一杆枪和捕猎用的绳、网,以及在树林里过冬的食物。约翰去见法官多恩,说明了他的打算,法官同意借给他那笔钱。

约翰吻别了母亲,和塞夫一起离开了家。他的背上背着一大袋食物、一杆新枪和捕猎用具,这些都是用法官借给他的钱买来的。他和塞夫步行了几个小时,来到林子深处的一间小木屋前,这所小木屋是塞夫几年前搭建的。这年冬天,约翰学到了很多东西。他学会了如何追捕野兽和怎样在树林里生存。大森林考验了他的毅力,使他变得更加勇敢,也使他的体格更加健壮。约翰捕到了很多猎物。到3月初,他得到的兽皮堆起来几乎和他的个子一样高了。塞夫说,约翰用这些兽皮至少可以挣200美元。

约翰打算回家,但是塞夫想继续打猎直到4月份。因此,约翰决定自己一个人回家。塞夫帮约翰捆扎好兽皮和捕猎用的东西,让他能够背在背上。然后,塞夫说:"现在请注意听我说,当你过河时,不要从冰上走,河上的冰现在很薄。找一处冰已融化的地方,再把一些圆木捆在一起,你可以浮在上面过河。这样做会多花几个小时的时间,但是这样更安全。""好的,我会这样做的。"约翰急切地说,他想立刻就走。

这一天,当约翰快步走在树林中时,他开始考虑起他的将来。他要去读书和学写字,他要给家里买一块大一些的农田。也许有朝一日,他也会像镇里的法官一样有权势,并受人尊敬。背上沉甸甸的东西使他考虑起到家后要做的事情:他要给母亲买一身新衣服,给弟弟妹妹们买些玩具,他还要去见法官。约翰恨不得马上就把父亲从法官那里借的钱全部还清。

到了下午晚些时候,约翰的腿疼了起来,背上的东西也更加沉重。当他终于到达河边时,他高兴极了,因为这意味着他就要到家了。约翰记得塞夫的忠告,但是,他太累了,顾不上去寻找一块冰已融化了的地方。他看到河边长着一棵笔直的大树,它的高度足以到达河的对岸,约翰取出斧头砍倒大树,树倒下来,在河面上形成了一座独木桥。约翰用脚踢了踢树,树没有动。他决定不按塞夫说的去做。如果他踩着这棵树过河,那么用不了一个小时他就到家了,当天晚上他就能见到法官了。

约翰身背兽皮,怀抱猎枪,跨到放倒的大树上。树在他脚下稳如磐石。然而,就在他快要走到河中央时,树干突然动了起来,约翰从树上掉到冰上。冰面破裂,约翰沉到水里,他甚至没来得及叫喊一声。约翰的枪掉了,那些兽皮和捕猎用的工具也从他的背上滑了下来,他没法抓住它们,湍急的河水把它们冲走了。约

翰破冰而行，挣扎到河岸。他失去了一切。他在雪地上躺了一会儿，然后，他爬了起来，找来一根长树枝，沿着河边来回走着。一连几个小时他戳着冰块，寻找那些东西，可是，他一无所获。

他径直来到法官家。天已很晚了，约翰敲门进去，他浑身冰冷，衣服湿透了。他向法官讲述了事情的经过。法官一言未发，直到他把话讲完，然后，法官多恩说："人人都要学会一些本领，你却是这样学习的，虽然这对你和我都很不幸。回家去吧，孩子。"

到了夏天，约翰拼命干活。他为家人种植了玉米和土豆，他还到别人的田里干活。他又攒够了 5 美元付给法官。但是他还欠法官 105 美元，其中 30 美元是他父亲欠的债，还有自己用来买捕猎工具和猎枪的 75 美元。约翰觉得他一辈子也还不清这笔钱。

10 月份的时候，法官派人叫来约翰。"约翰，"他说，"你欠了我很多钱，我想我能够要回这些钱的最好方法，就是今年冬天再给你一次狩猎的机会。如果我再借给你 75 美元，你愿意再去打猎吗？"约翰羞愧难当，好半天才开口说："我愿意。"

这一次，他必须独自一人进森林，因为塞夫已经搬到别的地方去了。不过，约翰记得印第安朋友教给他的所有本领。在那个漫长而孤独的冬天，约翰住在塞夫盖的小木屋里，每天出去打猎。这一次他一直待到 4 月底。这时候，他得到的兽皮太多了，因而他不得不丢掉他的捕猎工具。当他到达河边时，河上的冰已经融化了。他扎了一个木筏过河，尽管这要多花去一天的时间，他还是那样做了。到家后，法官帮他把兽皮卖了 300 美元。约翰先还给法官 150 美元，那是他两次借来买打猎用具的钱，然后他又慢慢地把他父亲借的那 30 美元一张一张地交到法官的手里。

又到了夏天,约翰除了在自己家的田里干活,还去读书和学写字。这以后的十年里,他每年冬天都到森林里去打猎,他把卖兽皮挣来的钱全部攒了下来。最后他用这些钱买了一个大农场。

约翰30岁的时候,成了本镇的头号人物。那一年法官去世了,他把他的那所大房子和大部分财产留给了约翰,他还给约翰留下了一封信。约翰打开信,看了看写信的日期,这封信是法官在约翰第一次外出打猎向他借钱那天写下的。

"亲爱的约翰,"法官写道,"我从未借给你父亲一分钱,因为我从未相信过他。但是我第一次见到你时,就喜欢上了你。我想确定你和你的父亲不一样,所以我考验了你。这就是我说你父亲欠我40美元的原因。祝你好运,约翰!"

信封里还装有40美元。

### 成长智慧

一个诚实的人,必然会受到他人的喜爱和尊敬。一个勤劳的人,必然会得到成功的回报。一个勤劳而又诚实的人,最终一定会迎来好运。

## 要想收获果实，就必须先播种

劳动是财富之父，土地是财富之母。——威廉·配第

一个穷汉每天都在地里劳作。有一天，他突发奇想："与其每天辛苦工作，不如向神灵祈祷，请他赐给我财富，供我今生享受。"

他深为自己的想法得意，于是他把弟弟喊来，把家业委托给他，又吩咐他到田里耕作谋生，别让家人饿肚子。一一交代之后，他觉得自己没有后顾之忧了，就独自来到天神庙，为天神摆设大斋，供养香花，不分昼夜地膜拜，毕恭毕敬地祈祷："神啊！请您赐给我现世的安稳和利益啊，让我财源滚滚吧！"

天神听见这个穷汉的愿望，内心暗自思忖："这个懒惰的家伙，自己不工作，却想祈求巨大财富。倘若他在前世曾做布施，累积功德，那么，给他些利益也未尝不可。可是，查看他的前世行为，根本没有布施的功德，也没有半点因缘，现在却拼命向我求利。不管他怎样苦苦要求，也是没有用的。但是，若不给他些利益，他一定会怨恨我。不妨用些计策，让他死了这条心吧。"

于是，天神就化作他的弟弟，也来到天神庙，跟他一样祈祷求福。

哥哥看见弟弟，不禁问他："你来这儿干吗？我吩咐你去播种，你播下了吗？"

弟弟说："我也跟你一样，来向天神求财求宝，天神一定会让我衣食无忧的。纵使我不努力播种，我想天神也会让麦子在田里自然生长，满足我的愿望。"

哥哥一听弟弟的祈愿，立即骂道："你这个混账东西，不在田里播种，想等着收获，实在是异想天开。"

弟弟听见哥哥骂他，却故意问："你说什么？再说一遍听听。"

"我就再说给你听，不播种，哪能得到果实呢？你不妨仔细想想看，你太傻了！"

这时天神才现出原形，对哥哥说："诚如你自己所说，不播种就没有果实。"

### 成长智慧

一分耕耘，一分收获。想要收获果实，就要先播种。我们只有脚踏实地地付出努力，才能改变命运，才能过上幸福美满的生活。

## 留心才能生悟,熟练方可生巧

**名人名言**

灵感不过是"顽强的劳动而获得的奖赏"。——列宾

有这样一个广为流传的故事。

明朝万历年间,中国北方的女真为患。皇帝为了抵御强敌,决心整修万里长城。当时号称"天下第一关"的山海关,早已年久失修,其中"天下第一关"题字中的"一"字,已经脱落多时。

万历皇帝召集各地书法名家前来,希望恢复题字的本来面貌。各地名士闻讯,纷纷前来挥毫,但是依旧没有一人的字,能够表达"天下第一关"的原味。皇帝于是再下昭告,中选的将获得重赏。经过严格的筛选,最后中选的竟是山海关旁一家客栈的店小二,真是跌破大家的眼镜。

在题字当天,会场被挤得水泄不通,官家也早就备妥了笔墨纸砚,等候店小二前来挥毫。只见主角抬头看着山海关的牌楼,舍弃了狼毫大笔不用,拿起一块抹布往砚台里一沾,大喝一声:"一",十分干净利落,立刻出现绝妙的"一"字。旁观者莫不惊叹。

有人好奇地问他:为何能够如此成功?他被问之后,久久无法回答。后来勉强答道:其实,我想不出有什么秘诀,我只是在这里当了多年的店小二,每当我擦桌子时,我就望着牌楼上的"一"字,一挥一擦就这样而已。

原来这位店小二所在的客栈,正好面对山海关的城门,每当他弯下腰,拿起抹布清理桌上的油污之际,刚好这个视角,正对准"天下第一关"的"一"字。因此,他不由自主地天天擦,天天看,久而久之,熟能生巧,巧而精通,这就是他能够把这个"一"字,能够临摹到炉火纯青、惟妙惟肖的原因。

**成 长 智 慧**

人生中有许多美好的事物值得我们留心,只有处处留心,才能有所感悟,才能渐渐地提高悟性。反复练习才能熟能生巧,把一项本领练到这种境界,成功就是自然而然的事了。

# 第四章

## 勇敢地迎接挑战，才能无愧于人生

我们无法选择也无力改变自身的生存环境，但如何适应环境则全靠自己把握。面对挫折，心浮气躁、怨天尤人解决不了任何问题。我们只有端正态度，勇敢地迎接挑战，并尽力做好每件事，才能无愧于人生。

## 不必知道有多难，无知者才能无畏

无知者无畏，所以能勇往直前。——胡晓梅

1796年的一天，德国哥廷根大学，一个19岁的青年吃完晚饭，开始做导师每天单独布置给他的数学题。正常情况下，青年总是在两个小时内完成这项特殊作业。

像往常一样，前两道题目在两个小时内顺利地完成了。第三道题写在一张小纸条上，是要求只用圆规和一把没有刻度的直尺做出正十七边形。青年没有在意，像做前两道题一样开始做起来。然而，做着做着，青年感到越来越吃力。

困难激起了青年的斗志：我一定要把它做出来！他拿起圆规和直尺，在纸上画着，尝试着用一些超常规的思路去解这道题。当窗口露出一丝曙光时，青年长舒了一口气，他终于做出了这道难题。

作业交给导师后，导师当即惊呆了。他用颤抖的声音对青年说："这真是你自己做出来的？你知不知道，你解开了一道有两千多年历史的数学悬案！阿基米德没有解出来，牛顿也没有解出来，你竟然一个晚上就解出来了！你真是天才！我最近正在研究这道难题，昨天给你布置题目时，不小心把写有这个题目的小纸条夹在了给你的作业里。"

多年以后，这个青年回忆起这一幕时，总是说："如果有人告诉我，这是一道有两千多年历史的数学难题，我不可能在一个晚上解决它。"

这个青年就是后来成为"数学王子"的高斯。

## 成 长 智 慧

有些事情，在不知道它到底有多难时，我们敢去做，做起来往往也很轻松。这就是人们常说的无知者无畏。所以，在做某些事时，我们不必知道它到底有多难，只管去做就是了，这样往往会做得更好。

## 走一条别人没有走过的路，才能成为开拓者

路是走出来的，你不走便不知道有没有路。——曾全

1899年，爱因斯坦在瑞士苏黎世联邦理工学院就读时，他的导师是数学家明可夫斯基。由于爱因斯坦肯动脑、爱思考，深得明可夫斯基的赏识。师徒二人经常在一起探讨科学、哲学和人生。

有一次，爱因斯坦突发奇想，问明可夫斯基："一个人，比如我吧，究竟怎样才能在科学领域、在人生路上，留下自己的闪光足迹，做出自己的杰出贡献呢？"

一向才思敏捷的明可夫斯基却被问住了，直到三天后，他才兴冲冲地找到爱因斯坦，非常兴奋地说："你那天提的问题，我终于有了答案！"

"什么答案？"爱因斯坦迫不及待地抱住老师的胳膊，"快告诉我呀！"

明可夫斯基手脚并用地比画了一阵，怎么也说不明白，于是，他拉起爱因斯坦就朝一处建筑工地走去，而且径直踏上了建筑工人刚刚铺平的水泥地面。在建筑工人们的呵斥声中，爱因斯坦被弄得一头雾水，他非常不解地问明可夫斯基："老师，您这不是领我误入歧途吗？"

"对,歧途!"明可夫斯基顾不得别人的指责,非常专注地说,"看到了吧?只有这样的'歧途',才能留下足迹!"

然后,他又解释说:"只有新的领域,只有尚未凝固的地方,才能留下深深的脚印。那些凝固已久的地面,那些被无数人、无数脚步涉足的地方,别想再踩出脚印来……"

听到这里,爱因斯坦沉思良久,非常感激地对明可夫斯基说:"老师,我明白您的意思了。"

从此,一种非常强烈的创新和开拓意识开始主导爱因斯坦的思维和行动。他曾经说过这样的话:"我从来不记忆和思考词典、手册里的东西,我的脑袋只用来记忆和思考那些还没载入书本的东西。"

于是,就在爱因斯坦走出校园,初涉世事的几年里,他作为伯尔尼专利局里默默无闻的小职员,利用业余时间进行科学研究,在物理学三个未知领域里,齐头并进,大胆而果断地挑战并突破了牛顿力学。在他刚刚26岁的时候,就提出并创立了狭义相对论,开创了物理学的新纪元,为人类做出了卓越的贡献,在科学史册上留下了深深的闪光的足迹。

## 成 长 智 慧

要想获得成功,就要有一种强烈的创新和开拓意识。怎样才能做到这一点呢?那就是从我们未知的领域入手,向别人没有涉足的地方迈进。只有这样,才能在你所涉及的领域中,成为一个开拓者,并留下闪光的足迹。

## 只要专注于一件事，年龄可以忽略不计

成功跟年龄无关。——拉·封丹

哈里·莱伯曼是个很喜欢下棋的老人，每天他必到老年俱乐部和棋友下几个小时的棋，下完棋后散步回家，日子过得闲适和安逸。

有一次，哈里·莱伯曼的棋友突然病了，没办法和他下棋了。俱乐部的管理员为他安排了其他的老人做他的棋友，他感觉不太适应，所以就放弃了。哈里·莱伯曼心情沮丧地准备回家，明天再来。这时俱乐部管理员建议："你可以尝试另一种娱乐方式，譬如绘画。"

在俱乐部管理员的建议下，哈里·莱伯曼来到了俱乐部的画室，画室里摆着许多画，还有许多作画的工具。

俱乐部管理员说："先生，您可以先在这里试着画一画。"

哈里·莱伯曼听了哈哈大笑："你说什么，让我在这里作画，我可从来没有摸过画笔。"

俱乐部管理员鼓励他说："那有什么关系，您可以试着画一幅，说不定你会觉得很有趣呢。"

于是，哈里·莱伯曼来到画架前，平生第一次摆弄起了画笔和颜料。哈里·莱伯曼在画室里待了一下午，觉得这一切真的很

有意思，他对画画产生了兴趣，那年他80岁。

哈里·莱伯曼决定学画，别人都以为他说笑话，80岁高龄的人，头昏眼花，能画好吗？他还有多少时间画画呢？但他学了，而且学得很好。

哈里·莱伯曼81岁的时候，他到学校去上绘画课，开始积累绘画知识。他把自己的时间全部倾注在绘画上。他画得不但好，而且很特别。

1977年，洛杉矶一家颇有名望的艺术陈列室举办了一次主题为"哈里·莱伯曼101岁"的画展。哈里·莱伯曼的作品被许多收藏家高价收藏，他的作品富有活力和想象力，运笔、意境俱佳，得到了评论界高度的评价。

哈里·莱伯曼创造了世界画坛上的两个奇迹：一是高龄学画，二是画有所成。

## 成 长 智 慧

在某些事情面前，不要找借口说自己没有时间去做，不要找借口说自己的年龄大了已力不从心。事实上，一个人只要专注于一件事，年龄对于他来说，是可以忽略不计的。

## 我们只要活着，就应该勤奋学习

**名人名言**

学习从来无捷径，循序渐进登高峰。——高永祚

众所周知，犹太民族是一个重视学习的民族。"忍冻学习的希勒尔"的故事，是一个为犹太人所熟悉的故事。

名垂千古的希勒尔年轻的时候，有一个很大的愿望，那就是专心致志研究《犹太教则》。可是，他没有足够的时间，也没有充裕的金钱，他的愿望显得有些遥不可及，因为他实在太穷了。

左思右想之后，他终于想到了一个可以完成心愿的办法：拼命地工作，靠工钱的一半过活，把剩下的钱送给学校的看门人。

"这些钱给你，"希勒尔对看门人说，"不过，请你让我进学校去听课，我很想听听贤人们在说什么。"

几天之内，希勒尔靠这种办法听了不少课，可是他的钱实在太少了，到最后他连一片面包也买不起了。真正让他感到难受的并不是饥饿，而是看门人无情地拦住了他，不再让他走进学校一步。

怎么办呢？他终于想到了一个好办法。他沿着教室的墙壁慢慢爬上去，然后躺在天窗边。这样，他就可以清楚地看见教室里面上课的情形，也可以听到教师讲课的声音。

安息日前夕，天寒地冻，冷风刺骨。在第二天，学生们照常

到学校去上课，屋外阳光灿烂，可是屋里却漆黑一片，学生们都很纳闷。

原来，希勒尔已经在天窗边躺了整整一夜了，他身上积了厚厚的一层白雪，已经被冻得半死了。

从此以后，凡是有犹太人以贫穷或者没有时间为借口不去求学者，人们就会这样问："你比希勒尔还穷吗？你比他还没有时间吗？"

再来看下面的这个故事。

阿基瓦是一个贫苦的牧羊人，直到40岁他才开始学习，但后来他却成了伟大的犹太学者。

传说阿基瓦在40岁之前什么都没有学过。在他与富有的卡尔巴·撒弗阿的女儿结婚之后，新婚妻子催他到耶路撒冷学习《律法书》。

"我都四十了，"他对妻子说，"我还能有什么成就？他们都会嘲笑我的，因为我一无所知。"

"我来让你看点东西，"妻子说，"给我牵来一头背部受伤的驴子。"

阿基瓦把驴子牵来后，她把灰土和草药敷在驴子的伤背上，于是，驴子看起来非常滑稽。

他们把驴子牵到市场上的第一天，人们都指着驴子大笑。第二天，人们还是大笑。但第三天就没有人再指着驴子笑了。

"去学习《律法书》吧，"阿基瓦的妻子说，"今天人们会笑话你，明天他们还会笑话你，而后天他们就会说：'他就是那样'。"

阿基瓦妻子的意思就是他40岁去学习，即使前两天有人会嘲笑他，但是第三天就不会有人再嘲笑他了，因为什么时候学习都不迟。因此，犹太人常以希勒尔说过的一句名言"此时不学，更待何时？"激励自己或鼓励别人去学习知识。

### 成 长 智 慧

人必须要不断地学习，学习是一种神圣的使命。在日常生活中，经常会有人说，我的年纪太大了还学什么？或者，我工作太忙了，没有时间学习。其实，这些都是借口。不管一个人到了多大岁数，也不论他有多么贫穷，只要他是人，就可以学习。

## 无论发生什么事,都没有什么大不了的

没有什么能伤害你,只要你足够坚强。——赫伯特

如果一个人46岁的时候,在一次机车意外事故中被烧得不成人形,4年后又在一次坠机事故后腰部以下全部瘫痪,他会怎么办?

你能想象到日后他会变成百万富翁、受人爱戴的公共演说家及成功的企业家吗?你能想象到他会去泛舟、玩跳伞、在政坛角逐一席之地吗?

这一切米契尔全做到了,甚至有过之而无不及。在经历了两次可怕的意外事故后,他的脸因植皮变成了一块彩色板,他的手指没了,双腿细小,无法行动,因此只能瘫痪在轮椅上。

那次机车意外事故中,他身上百分之六十五以上的皮肤都被烧坏了,为此他动了16次手术,手术后,他无法拿起叉子,无法拨电话,也无法一个人上厕所,但以前曾是海军陆战队员的米契尔从不认为他被打败了。他说:"我完全可以掌控自己的人生之船,那是我的浮沉,我可以选择把目前的状况看成倒退或是一个起点。"6个月之后,他又能开飞机了!

米契尔为自己在科罗拉多州买了一幢维多利亚式的房子,另外也买了房地产、一架飞机及一家酒吧,后来他和两个朋友合伙

开了一家公司,专门生产以木材为燃料的炉子,这家公司后来变成佛蒙特州第二大的私人公司。

机车意外发生后4年,米契尔所开的飞机在起飞时摔回了跑道,他的十二条脊椎骨被压得粉碎,腰部以下永远瘫痪!

米契尔仍不屈不挠,他日夜努力使自己能达到最大限度的独立自主,他被选为科罗拉多州孤峰顶镇的镇长,以保护小镇的美景及环境,使之不因矿产的开采而遭受破坏。米契尔后来也竞选

了国会议员,他用一句"不只是另一张小白脸"的口号,将自己难看的脸转化成一项有利的资产。

尽管刚开始米契尔面貌骇人、行动不便,他却开始泛舟,坠入爱河且完成终身大事,后来他拿到了公共行政硕士学位,并继续他的飞行活动、环保运动及公共演说。

米契尔屹立不倒的正面形象,使他得以在《今天看我秀》及《早安美国》节目中露脸,同时《前进杂志》《时代周刊》《纽约时报》及其他出版物也都有米契尔的人物特写。

米契尔说:"我瘫痪之前可以做1万件事,现在我只能做9000件,我可以把注意力放在我无法再做的1000件事上,或是把目光放在我还能做的9000件事上。虽然我的人生曾遭受过两次重大的挫折,但我不能把挫折当成放弃努力的借口。或许你们可以用一个新的角度,来看待一些一直让你们裹足不前的经历。你可以退一步,想开一点,然后,你就有机会说:'或许那也没什么大不了的!'"

## 成 长 智 慧

这世上有幸运,也就会有不幸。当不幸来临时,无论是发生了什么事,都要保持一种积极向上的心态和顽强的拼搏精神。我们要告诉自己:这没什么大不了的,我依然可以做以前想做的事,而且会把能做的事做得更好。

## 当弱点受到挑战时，用强项去迎接挑战

**名人名言**

你必须接受挑战，因为挑战会使你变得强大。——哈兹里特

多年前的那个周末舞会，女孩是秀发披肩、亭亭玉立的大学毕业生，她像一朵六月的新莲在沸腾的舞池中，裙裾翩翩飞，飘逸而芬芳。

在目光的包围和无休无止地旋转后，她累了，坐在一隅休息。

这时，一个男孩走过来，向她微微鞠躬，伸出手道："我可以请你跳一曲吗？"他彬彬有礼，像一个古代的王子，让人不忍拒绝。

带着一丝疲倦，她站了起来。当两个人面对面地站在舞池中，静等音乐响起的片刻，她突然发现：那个男孩似乎比她还矮一点。也许并不真的比她矮，但是女孩觉得，如果哪个男生与她等高，那就已经是很矮了。

"我比你还高呢！"女孩轻轻地说，其实她是心无城府的，因为她从小便比身边所有的朋友长得高，但眼前的男孩并不是自己的朋友，他只是舞会上偶然邂逅的舞伴，女孩立刻为自己的口无遮拦而后悔，她的脸唰地一下红了。

一切发生得太突然，男孩有点猝不及防。他稍稍愣了一下，脸上的笑还来不及褪去，新的一波笑意竟浮了上来。

他不愠不火地说:"是吗?我要迎接挑战。"

后面四个字稍稍有点重。女孩无语,歉意地笑,躲过他的目光,但却有点紧张地捕捉来自他的信息。就见他下意识地挺直了腰胸,轻描淡写地说:"把我所发表过的文章垫在我的脚底下,我就比你高了。"

原来,他也有他的骄傲。

舞会后不久,他们成了恋人。后来,阴差阳错,他们并没能走到一起。但是,女孩却从来没有忘记过他,没有忘记当年在舞会上的那一幕,尤其是那两句不卑不亢的话:"我要迎接挑战。""把我所发表过的文章垫在我的脚底下,我就比你高了。"

## 成 长 智 慧

每个人都会有自己的弱点或缺陷,每个人也都有自己的强项,当弱点或缺陷受到挑战时,不要退缩,要勇敢地迎接它——用自己的强项击败挑战。

## 经历的坎坷和磨难,是人生的一笔财富

挫折与困苦是财富的试金石。——米南德

许多年前,有一个名叫海菲的男孩,他恳求老板改变他地位低下的生活,因为他爱上了一个美丽的姑娘,而姑娘的父亲却富有而势利。

想不到他的恳求获得了老板——大名鼎鼎的皮货商人柏萨罗的恩准。柏萨罗派他到伯利恒小镇去卖一件袍子,他却因为怜悯,把袍子送给了客栈附近一个需要取暖的新生儿。

海菲非常羞愧地回到皮货商那里,但有一颗明星却一直在他头顶上方闪烁。柏萨罗将这种现象解释为上帝的启示,他给了海菲10道羊皮卷,那里面记载着震撼古今的商业大秘密,有实现海菲所有抱负所必需的智慧。海菲怀揣着这10道羊皮卷,带着老板给他的一笔本金,走向远方,开始了他的推销生涯。

若干年后,海菲成了一名富有的商人,并娶回了自己心爱的姑娘。他的成就在继续扩大,不久,一个浩大的商业王国在古阿拉伯半岛崛起……

熟悉以上这段文字的人都知道,这是一部奇书的故事梗概,它的名字叫《世界上最伟人的推销员》。作者奥格·曼狄诺,出身于美国东部的一个平民家庭。他大学毕业后,有了一份稳定的工作，并娶了妻子。但是后来，由于自己的愚昧无知和盲目冲动，他犯了一系列不可饶恕的错误，最终失去了自己宝贵的一切——家庭、房子和工作。于是，他开始到处流浪，寻找赖以生存的种种方法。

两年后，曼狄诺认识了一位受人尊敬的牧师，牧师解答了他提出的许多困扰人生的问题。临走的时候，牧师送给他一部《圣经》，此外，还有一份书单，上面列着11本书的书名。它们是《最伟大的力量》《钻石宝地》《思考的人》《向你挑战》《本杰明·富兰克林自传》《获取成功的精神因素》《思考致富》《从失败到成功的销售经验》《神奇的情感力量》《爱的能力》《信仰的力量》。

从这天开始，奥格·曼狄诺就依照牧师列出的书单，把11本书一一找来，细细地研读。渐渐地，笼罩在心头的那一片阴云散去了，似有一抹阳光照射进来，他激动万分，终于看到了希望。

曼狄诺一旦意识到自己的潜力，便焕发出前所未有的热情和勇气。他遵循书中智者的教诲，像一名整装待发的水手，瞄准了目标，越过汹涌的大海，抵达梦中的彼岸。

此后，曼狄诺当过卖报人、公司推销员、业务经理……在他所选择的道路上，充满了机遇，也满含着辛酸，但他已不可战胜，因为，他掌握了人生的准则。当遇到困难，甚至失败时，他都用书中的语言激励自己：坚持不懈，直至成功！终于，在35岁生日那天，他创办了自己的企业——《成功无止境》杂志社，从此步入了富足、健康、快乐的乐园。

奥格·曼狄诺的成功为他带来了巨大的荣誉，使他成为美国家喻户晓的商界英雄。

曼狄诺没有就此止步,他开始著书立说。1968年,他写出了《世界上最伟大的推销员》一书。该书一经问世,即以多种语言在世界各地出版,不仅推销员,社会各个阶层人士都被这部充满魅力的作品深深吸引,人们争相阅读。

不平凡的经历是成功的一笔财富,如果曼狄诺没有早年的坎坷,就不会有后来的成就。

### 成长智慧

坎坷的经历是人生的一大财富,经历坎坷和磨难,是在储存财富。只有那些经历坎坷、经历磨难的人,才会对生活充满信心,才能勇敢地面对将来的艰难险阻,并最终成就辉煌的人生。

## 当弹起人生的乐章时，就不要停止

不要停止你的脚步，因为你是赶路人。——但丁

著名钢琴家及作曲家帕岱莱夫斯基预订在美国某音乐大厅表演。那是一个值得纪念的夜晚——黑色燕尾服，正式的晚礼服，上流社会的打扮。

当晚的观众当中有一名母亲，她带着一个烦躁不安的九岁小男孩。母亲希望他在听过大师演奏之后，会对练习钢琴产生兴趣，于是，他迫不得已地来了。小男孩等得不耐烦了，他在座位上不停地蠕动。

当母亲转头跟朋友交谈时，小男孩再也按捺不住了，他从母亲身旁溜走了，他被舞台上耀眼灯光照耀着的大钢琴和前面的乌木座凳吸引了。在台下观众不注意的时候，小男孩瞪眼看着眼前黑白颜色的琴键，把颤抖的小手放在正确的位置，开始弹奏名叫《筷子》的曲子。

观众的交谈声忽然停了下来，数百双不悦的眼睛一起看过去。被激怒的观众开始叫嚷："把那男孩弄走！""谁把他带进来的？""他母亲在哪里？""制止他！"

钢琴大师在后台听见前台的声音，知道肯定发生了什么事。他赶忙抓起外衣，跑到台前，一言不发地站到了男孩身后，他伸出双手,即兴地弹出配合《筷子》的一些和谐音符。

两个人同时弹奏时,大师在男孩耳边低声说:"继续弹,不要停止。继续弹……不要停止……不要停止。"

台下终于爆发出一阵热烈的掌声。

### 成长智慧

人生是一曲乐章,我们是演奏者。当弹起人生的乐章时,就不要停,也不应该停。只要不停地弹下去,就一定会获得喝彩与掌声。

# 第五章

## 保持积极的心态，就会有积极的人生

一个人的心态决定着他是否能获得成功与幸福。保持消极的心态，就会有消极的人生；保持积极的心态，就会有积极的人生。而要保持什么样的心态，全由我们自己决定。

## 你改变了心态，生活也会随之改变

**名人名言**

*差不多任何一种处境——无论是好是坏——都受到我们对待处境的态度的影响。——西尼加*

塞尔玛陪伴丈夫驻扎在沙漠里的一个陆军基地。丈夫奉命到沙漠里演习，她一个人留在陆军的小铁皮房子里，天气热得让人受不了——在仙人掌的阴影下也有51.6摄氏度。她没有人可谈，她身边只有墨西哥人和印第安人，而他们不会说英语。她非常难过，于是就写信给父母，说要丢开一切回家去。

她父亲的回信只有两行，这两行信却永远留在她心中，完全改变了她的生活。这两行字是：

两个人从牢中的铁窗望出去，

一个看到了泥土，一个却看到了星星。

塞尔玛一再读这封信，她觉得非常惭愧，她决定要在沙漠中找到星星。

塞尔玛开始和当地人交朋友，他们的反应使她非常惊讶，她对他们的纺织品、陶器表现出了兴趣，他们就把最喜欢但又舍不得卖给观光客人的纺织品和陶器送给了她。

塞尔玛研究那些引人入迷的仙人掌和各种沙漠植物，又学习有关土拨鼠的知识。她观看沙漠日落，还寻找海螺壳，这些海螺壳是几万年前，这片沙漠还是海洋时留下来的……原来难以忍受的环境竟变成了令人兴奋、流连忘返的奇景。

是什么使塞尔玛的内心发生了这么大的转变呢？

沙漠没有改变，印第安人也没有改变，但是塞尔玛的心态改变了。她为发现新世界而兴奋不已，并为此写了一本书，以《快乐的城堡》为书名出版了。

她从自己造的牢房里看出去，终于看到了星星。

### 成 长 智 慧

很多时候,我们之所以感到生活枯燥乏味,是因为我们的心态是枯燥乏味的。如果想使生活变得有滋有味，就要改变心态——变消极心态为积极心态。只有这样，我们才能改变自己的生活。

## 即使在厄运面前，也要保持积极的心态

### 名人名言

态度决定成败，无论情况好坏，都要抱着积极的态度，莫让沮丧取代热心。生命可以价值极高，也可以一无是处，随你怎么去选择。——吉格斯

亚兰是美国联合保险公司的一名推销员，他想成为这个公司的明星推销员。

寒冬的一天，亚兰在威斯康星州一个城市的街区中推销保险单，却没有做成一笔生意，当然，他对自己很不满意。但他没有因此而气馁，而是选择了积极的心态，将这种不满转变为一种励志的动力。

他记起了他所读过的一本书，于是，他应用了其中所讲到的要时刻保持积极的心态。

第二天，当他从办事处出发时，他向同事们讲述了前一天所遭遇的失败，接着他说："等着瞧吧！今天我将再次拜访那些客户，我将售出比你们售出的总和还要多的保险单。"

后来的事实是，亚兰做到了这一点。他回到那个街区，又拜访了前一天同他谈过话的每一个人，结果售出了66张新的事故保险单。

这确实是一个不同寻常的成绩，而这个成绩是由厄运造成的。

那时亚兰在风雨中穿街过巷,跋涉了近 8 个小时,却没有卖出一张保险单。可是亚兰能够把前一天大多数人在失败的情况下所感受到的消极不满,在第二天就转化成动力,并且取得了成功。

亚兰确实成了这个公司的明星推销员,后来他被提升为销售经理。

## 成 长 智 慧

人生中不可能没有失败和挫折,但问题是,有的人一旦遇到失败和挫折,就会丧失意志和勇气;而在那些真正的成功者中,许多人具有这样的特点:他们有能力使用积极心态的力量,把失败变成走向成功的动力。

## 保持积极的心态,积极地行动起来

永远以积极乐观的心态去拓展自己和身外的世界。——曾宪梓

美国联合保险公司董事长克里蒙·斯通,是美国巨富之一、世界保险业巨子。

斯通出生于1902年,父亲早逝,母亲独自一人把他抚养成人。斯通的母亲早在他十几岁的时候,就把辛辛苦苦积攒下的一点钱,投到底特律的一家小保险经纪社。这家保险经纪社替底特律的美国伤损保险公司,推销意外保险和健康保险。推销员仅一人,那就是斯通的母亲,她每推销出一笔保险,就会收到一笔佣金——这是她唯一的收入。

斯通16岁时,母亲指导他去推销保险。他走到母亲指给他的大楼前,犹豫不定,这时,他默默地念着自己的座右铭:"如果你做了,没有损失,还可能有大收获,那就下手去做。马上就做!"

于是,他勇敢地走入大楼,逐门进行推销。结果,竟然有两个人买了保险;第二天,他卖出了4份保险;第三天,6份。假期时,他居然创造了一天10份的好成绩,后来一天15份、20份。

那时他发觉,他的成功是因为自己有积极的心态并能积极地行动起来的缘故。

20 岁时，他在芝加哥开办了一家保险经纪社——联合保险公司，全公司只有他一个人。开业头一天，他售出 54 份保险。后来，生意一天比一天兴隆。有一天，他居然创造了售出 122 份保险的纪录。

后来，他在各州招人，在各处扩展他的事业。各州有一名推销主管，领导推销员，他自己管理各地主管，那时，斯通还不到 30 岁。

但那时，整个美国笼罩在经济大恐慌之中，大家都没有钱买健康和意外保险，真有钱的又宁愿把钱存下来以防万一。这时，斯通给自己加了几条应付困难的座右铭："销售是否成功，决定于推销员，而不是顾客。如果你以坚定的、乐观的心态面对艰难，你反而能从中找到益处。"结果，他每天成交的份数，竟与以前鼎盛时期的相同。

1938 年底，斯通成了一名百万富翁，而他所领导的保险公司也成为美国保险业首屈一指的大企业。

### 成 长 智 慧

如果翻阅成功人士的成功史，我们不难发现，他们之所以能够领先于别人而出人头地，是因为他们都能保持积极的心态并能积极行动起来的缘故。积极的心态加上积极的行动，是取得成功的秘诀。

# 相信"这也会过去",一切都将会过去

勇敢地面对困难,逆境终究会过去。——奥格·曼狄诺

古希腊有一位国王,拥有至高无上的权势、享用不尽的荣华富贵,但他并不快乐。他可以主宰自己的臣民,却难以操控自己的情绪,种种莫名其妙的焦虑和忧郁不时让他闷闷不乐、寝食难安。

于是,他召来了当时最负盛名的智者苏菲,要求他找出一句人间最有哲理的箴言,而且这句浓缩了人生智慧的话必须有一语惊心之效,能让人胜不骄、败不馁,得意而不忘形、失意而不伤神,始终保持一颗平常心。苏菲答应了国王,条件是国王要将佩戴的那枚戒指交给他。

几天后,苏菲将戒指还给了国王,并再三劝告他:不到万不得已,别轻易取出戒指上镶嵌的宝石,否则,它就不灵验了。

没过多久,邻国大举入侵,国王率部拼死抵抗,但最终整个城邦沦陷于敌手,于是,国王四处逃亡。

有一天,为逃避敌兵的搜捕,他藏身在河边的茅草丛中,当他掬水解渴,猛然看到自己的倒影时,不禁伤心欲绝——谁能相信如今这个蓬头垢面、衣衫褴褛的人,就是那个曾经气宇轩昂、威风凛凛的国王呢?

就在他双手掩面欲投河轻生之际,他想起了那枚戒指。他急切地抠下上面的宝石,只见宝石里侧镌刻着一句话——这也会过去!

顿时,国王的心头重新燃起希望的火花。从此,他忍辱负重、卧薪尝胆,重招旧部并东山再起,最终他赶走了外敌,赢回了王国。

而当他再一次返回王宫时,所做的第一件事便是将"这也会过去"这句五字箴言,镌刻在象征王位的宝座上。

后来,他被誉为"最有智慧的国王"而名垂青史。据说,在临终之际,他特意留下遗嘱:死后,双手空空地露出灵柩之外,以此向世人昭示那句五字箴言。

**成 长 智 慧**

普希金说,一切都是暂时的,转瞬即逝……因此,在我们身处顺境时,要学会惜福与感恩;身处逆境时,要学会坚忍和等待,要相信逆境只是暂时的。告诉自己:这也会过去,一切都将会过去。

你不勇敢，谁替你坚强

## 上帝是公平的，没有谁的人生是完美的

任何事物都有好的一面，另一面则是不好的。——约翰逊

欧洲某国的一位著名女高音歌唱家，仅仅 30 岁就已经誉满全球，而且她拥有一位如意郎君和一个美满幸福的家庭。一次她成功地举行完一场音乐会后，歌唱家和丈夫、儿子被一群狂热的歌迷团团围住。人们七嘴八舌地与歌唱家攀谈起来，赞美与恭维之词充满了整个会场。

有的人恭维歌唱家少年得志，大学刚毕业就走进了国家级剧院，成了一名主要演员；有的人恭维歌唱家 25 岁就被评为"世界十大女高音"之一，年轻有为；也有的恭维歌唱家有一位优秀的丈夫，而膝下又有个活泼可爱脸上永远洋溢着笑容的儿子，真是令人羡慕。

在人们议论的时候，歌唱家只是静静地听，什么也没有表示。当大家把话说完后，她才缓缓地说："首先我要谢谢大家对我和我家人的赞美，我希望在这些方面能够和你们共享快乐。但是，你们只看到了一个方面，另一方面你们没有看到，那就是你们夸奖的活泼可爱脸上总带着微笑的小男孩，是一个不会说话的哑巴，而且他还有一个经常被关在屋里精神分裂的姐姐。"

人们震惊了，你看看我，我看看你，似乎很难接受这样的事实。

这时，歌唱家又对人们说："这一切说明什么呢？恐怕只能说明一个道理，那就是上帝是公平的，给谁的都不会太多。"

**成 长 智 慧**

上帝是公平的，给谁的都不会太多，给谁的也都不会太少。所以，不要只看到或羡慕别人的拥有，而看不到自己的拥有，甚至抱怨自己没有，应该想一想，自己拥有的而别人却没有的东西。

## 有目标的人生,才是充满希望与活力的人生

没有目标的人生,是没有希望的,是空虚而寂寞的。

——罗曼·罗兰

有个年轻人去采访朱利斯·法兰克博士。法兰克博士是某大学的心理学教授,虽然他已经 70 岁高龄了,却保有相当年轻的体态。

"我在好多好多年前遇到过一个中国老人,"法兰克博士解释道,"那是二次大战期间,我在远东地区的俘虏集中营里。那里的情况很糟,简直无法忍受,食物短缺,没有干净的水,放眼所及全是患痢疾、疟疾等疾病的人。有些战俘在烈日下无法忍受身体和心理上的折磨,对他们来说,死已经变成了最好的解脱。我自己也想过一死了之,但是有一天,一个人的出现打消了我轻生的念头,那是一个中国老人。"

年轻人非常专注地听着法兰克博士诉说那天的遭遇。

"那天我坐在囚犯放风的广场上,身心俱疲。我心里正想着,要爬上通了电的围篱自杀是多么容易的事。一会儿之后,我发现身旁坐了个中国老人,我因为太虚弱,还恍惚地以为是自己的幻觉。他转过头来问了我一个问题,一个非常简单的问题,却救了我的命。"

年轻人马上提出自己的疑惑:"是什么样的问题可以救人一命呢?"

法兰克博士继续说:"他问的问题是'当你活着走出这里时,第一件想做的事是什么?'这是我从来没想过的问题,我从来不敢想。但是我心里却有答案:我要再看看我的太太和孩子们。突然间,我认为自己必须活下去,那件事情值得我活着回去做。那个问题救了我一命,因为它给了我活下去的理由。从那时起,活下去变得不再那么困难了,因为我知道,我每多活一天,就离战争结束近一点,也离我的梦想近一点。中国老人的问题不只救了我的命,它还教了我从来没学过,却是最重要的一课。"

"是什么?"年轻人问。

"目标的力量。"

"目标?"

"是的,目标,企图,值得奋斗的事。目标给了我们生活的目的和意义。当然,我们也可以没有目标地活着,但是要真正地活着,快乐地活着,我们就必须有生存的目标。伟大的艾德米勒·拜尔德说:'没有目标,日子便会结束,像碎片般地消失。'目标创造出目的和意义。有了目标,我们才知道要往哪里去,要去追求些什么。没有目标,生活就会失去方向,而人也成了行尸走肉。人们生活的动机往往来自于两样东西:不是要远离痛苦,就是追求欢愉。目标可以让我们把心思紧系在追求欢愉上,而缺乏目标则会让我们专注于避免痛苦。同时,目标甚至可以让我们更能够忍受痛苦。"

"我有点不太懂，"年轻人犹豫地说，"目标怎么让人更能够忍受痛苦呢？"

"嗯，我想想该怎么说……好！想象你肚子痛，每几分钟就会有一次剧烈的疼痛，痛到你会忍不住呻吟起来，这时你有什么感觉？"

"太可怕了，我可以想象。"

"如果疼痛越来越严重，而且间隔的时间越来越短，你有什么感觉？你会紧张还是兴奋？"

"这是什么问题？痛得要死怎么可能还兴奋得起来，除非你是被虐待狂。"

"不，这是个怀孕的女人！这女人忍受着痛苦，她知道最后她会生下一个孩子来。在这种情况下，这女人甚至可能还期待痛苦越来越频繁，因为她知道阵痛越频繁，表示她就快要生了。这种疼痛的背后含有具体意义的目标，因此使得疼痛可以被忍受。同样的道理，如果你已经有个目标在那儿，你就更能忍受达到目标之前的那段痛苦期。毫无疑问，当时我因为有了活下去的目标，所以使我更有韧性，否则我可能早就撑不下去了。我看见一个非常消沉的战俘，于是我问他同一个问题：'当你活着走出这里时，你第一件想做的事是什么？'他听了我的问题之后，渐渐地，脸上的表情变了，他因为想到自己的目标而两眼闪闪发亮。他要为未来奋斗，当他努力地活过每一天的时候，他知道离自己的目标更近了。"

法兰克博士停了一会儿，继续说道："我再告诉你另一件事。看着一个人的改变这么大，而你知道你说的话对他有很大的帮助，那种感觉真是太棒了！所以我又把这当成自己的目标，我要每天都尽可能地帮助更多的人。战争结束之后，我在哈佛大学从事一项很有趣的研究。我问1953年毕业的那届学生，他们的生活是否有任何企图或目标？你猜有多少学生有特定的目标？"

"50％。"年轻人猜道。

"错了，事实上是低于3％！"法兰克博士说，"你相信吗，100个人里面只有不到3个人对他们的生活有一点想法。我们持续跟踪这些学生达25年之久，结果发现，那3％的毕业生比其他97％的人，拥有更稳定的婚姻，他们健康状况良好，同时，财务情况也比较正常。当然，毫无疑问，我发现他们比其他人有更快乐的生活。"

"你为什么认为有目标会让人们比较快乐呢？"年轻人问。

"因为我们不只从食物中获得能量，更为重要的是从心里的一股热诚来获得精力，而这股热诚则来自目标，来自对事物有所企求，有所期待。为什么有这么多人不快乐，一个非常重要的原因就是他们的生活没有意义,他们没有目标。早晨没有起床的动力，没有目标的激励，也没有梦想。他们因此在生命旅途上迷失了方向和自我。"

"如果我们有目标要去追求的话，生活的压力就会消失，我们就会像障碍赛跑一样，为了达到目标，而不惜冲过一道道关卡和障碍。"

"目标为我们提供了快乐的基础。人们总以为舒适和豪华富裕是快乐的基本要求，然而事实上，真正会让我们感到快乐的却是某些能激起我们热情的东西,这就是快乐的最大秘密。缺乏意义和目标的生活,是无法创造出持久的快乐的。这就是我所说的目标的力量。"

**成 长 智 慧**

一个人若没有目标,他的生命将会缺乏前进的动力。目标赋予了我们生命的意义和目的。有了目标,我们才会把注意力集中在追求成功和幸福上。有目标的人生,才是充满希望与活力的人生,人生因此才会变得充盈。

## 不要轻易相信权威，要相信的是自己

盲目地相信别人，不如盲目地相信自己。——布雷默

有一名中文系的学生，苦心撰写了一篇小说，请一位著名的作家指评。可是作家当时正患眼疾，于是学生便将作品读给作家听。

读到最后一个字，学生停了下来。作家问："结束了吗？"听语气似乎意犹未尽，渴望下文。这一问，学生立刻灵感喷发，马上回答说："没有结束，下部分更精彩。"他以自己都难以置信的构思叙述下去。

到达一个段落后，作家又似乎难以割舍地问："结束了吗？"

小说一定勾魂摄魄，叫人欲罢不能！学生更富有创作激情了。他不可遏止地一而再再而三地接续、接续……最后，电话铃声骤然响起，打断了学生的思绪。

电话找作家有急事，作家匆匆地准备出门。

"那么，没读完的小说呢？"学生问。

作家回答："其实你的小说早该收笔了，在我第一次询问你是否结束的时候，就应该结束。何必画蛇添足？该停则停，看来，你还没能把握情节脉络，尤其是缺少决断。"

看来，决断是当作家的根本，否则绵延逶迤，拖泥带水，如何打动读者？学生追悔莫及，自认性格过于受外界左右，作品难以把握，恐不是当作家的料。

多年以后，这名年轻人遇到另一位非常有名的作家，他羞愧地谈及那段往事。谁知这位作家惊呼："你的反应如此迅捷，思维如此敏锐，编造故事的能力如此强大，这些正是成为作家的天赋啊！假如能正确地运用它们，你的作品一定能脱颖而出。"

### 成长智慧

多数人都很相信权威，其实这是个误区，因为权威的并不一定是正确的。在很多时候，正是由于轻信权威而束缚了我们的发展。不要轻易相信权威，要相信的是自己。只有这样，我们才能有所突破，才能走一条属于自己的路。

## 不要相信别人说不能解决,便以为真的不能解决

试着相信自己吧,你会因此充满力量和智慧。——斯蒂芬斯

爱迪生在一生中从没有停止发问,他虽然没有将自己所问的问题都找出答案来,然而他所得出来的答案却是多得惊人。

有这样一则事例。

有一天,爱迪生在路上碰见一个朋友,看见他手指关节肿了。

"为什么会肿的呢?"爱迪生问。

"我还不晓得确实的原因是什么。"

"为什么你不晓得?医生晓得吗?"

"每个医生说的都不同,不过多半的医生都认为是痛风症。"

"什么是痛风症呢?"

"他们告诉我说,就是尿酸积淤在骨节里。"

"既然如此,他们为什么不从你的骨节中取出尿酸来呢?"

"他们不晓得取法。"这时的情形好像一块红布在一只斗牛面前摇晃一样。

"为什么他们会不晓得取法呢?"爱迪生生气地问。

"因为尿酸是不能溶解的。"

"我不相信。"这位世界闻名的科学家回答说。

爱迪生回到实验室里,立刻开始试验看尿酸到底是否能

溶解。

他排好一列试管，每只试管内都灌入四分之一管不同的化学液体，每种液体中都放入数颗尿酸结晶。两天之后，他看见有两种液体中的尿酸结晶已经溶化了。于是，这位发明家有了新的发现，这个发现也很快地传播出去。

现在这两种液体中的一种，在医治痛风症中被普遍使用。

**成 长 智 慧**

在问题面前，重要的不在于你能否得到答案，而在于你能否保持一种疑问的态度。成功者未必能解决每一个问题，但是他们不会相信因为别人说不能解决，便以为真的不能解决，而是积极地用事实去证明能够解决。

# 第六章

## 不要在不经意间，错过一些最重要的东西

人生中有一些极美极珍贵的东西，如果不好好留心和把握，便会与其失之交臂，甚至一生难得再遇、再求。不要在不经意间，错过可能是你一生中最重要的东西。

## 输掉了比赛并不重要,重要的是要赢得人生

*人生的价值,并不是用时间而是用深度去衡量的。*

*——列夫·托尔斯泰*

有一座山高耸入云,飞鸟难越,没有人知道它有多高。山前山后有两条路可供攀登,前山大路石级铺就,笔直坦荡;后山小路,荆棘丛生,蜿蜒曲折。

一天,有父子三人来到山脚下。父亲举手遮阳,眺望峰顶,声如洪钟:"你俩比赛爬上这山。上山有两条路,大路平而近,小路险而远。选择哪条路,你们自己决定。"

哥俩思忖再三,各自踏上征程。

时间过去了两个月,一个西装革履的身影出现在峰顶,哥哥走来了。他面色潮红,略显发福,头发油光可鉴。他骄傲地掸了一下笔挺的西装,走向充满期待的父亲,说:"我赢了,我赢了!这一路真是春风得意。在坦荡的大路上我只需向前,向前!舒缓的坡度使我走得从容,平整的石阶使我心旷神怡。这里没有岔道让我伤神,没有突出的山石给我绊脚。我的心灵没有欺骗我,是英明的选择助我胜利。实践证明:在平坦和崎岖间,只有傻瓜才会放弃平坦,选择崎岖。聪明的选择使我有了多么惬意的旅程啊!我获得了胜利,我理当获得胜利!"

父亲慈祥地看着他:"你选择得的确聪明,一路走得也十分风光,我的好儿子……"

这之后不知过了多久,又一个身影出现了。他步伐稳健,全身充满着生命的活力。尽管他瘦削,衣衫褴褛,但双目炯炯有神,透着聪慧与睿智。

弟弟微笑着走向父亲和哥哥,从容地讲起路上的故事:"哦,这是多么有意义的一次旅程啊!感谢您,父亲,感谢您给我选择的机会。一路上陡峭的山崖阻挡了我攀爬的脚步,丛生荆棘刺破了我裸露的臂膊,疲惫的身心增添了孤独的酸楚。但我坚持住了,终于我学会了灵活与选择,学会了机敏与自护,学会了独立与坚忍。路边的美丽景色,使我放慢脚步享受自然的馈赠。在山脚下,我看见山花烂漫,彩蝶翩翩,于是我与山花同歌,伴彩蝶共舞。在山腰,我看见绿草如茵,华木如盖,清澈的小溪静静地在林间流淌,朝圣的百鸟尽情放歌于林梢。我拥抱自然的和弦,追逐欢快的节奏,这些是我最快乐的时光。可更多的时候是阴冷浓雾的环抱,荆榛丛棘的阻隔。放眼望去,黄叶连天,衰草满路,但我在黄叶林中看到丰硕的果实,从衰草丛内悟出新生的希望。我感觉自己在成熟,一步步地成熟。再往上,是没有一点生机的山峰和石砾,我曾想放弃,但曾经的艰辛温暖着我,启迪着我,给我力量,给我信心,使我忘掉比艰险更艰险的死寂,抛掉比痛苦更痛苦的迷茫!我最终到达了这里!一路上,我阅尽山间春色,也饱尝征途冷暖,为此,我感谢您,父亲,感谢您给我选择的权利,我从自己心灵的选择中懂得了很多很多。"

哥哥眼中露出不解,但旋即消失,他轻蔑地说:"可是你输了!"

"是的,"父亲遗憾地说,"孩子,你输掉了比赛……"

弟弟极目远方,脸上露出平和的微笑说:"但是,我赢得了人生!"

事实正如弟弟说的那样。

多年以后,哥哥平平庸庸,而弟弟则事业有成。

### 成长智慧

每个人在人生中,都会面临许多比赛。很多时候,比赛的结果并不重要,重要的是比赛的过程。在过程中,我们才能学到本领,才能悟出道理。输掉了比赛并不重要,重要的是要赢得人生。

## 生命中有很多事，是需要慢慢去等的

冬天已经到来，春天还会远吗？——雪莱

一对情侣在咖啡馆里发生了口角，互不相让。然后，男孩愤然离去，只留下女孩独自落泪。

心烦意乱的女孩搅动着面前那杯清凉的柠檬茶，泄愤似的用匙子捣着杯中未去皮的新鲜柠檬片，柠檬片已被她捣得不成样子，杯中的茶也泛起了一股柠檬皮的苦味。

女孩叫来侍者，要求换一杯剥掉皮的柠檬泡成的茶。

侍者看了一眼女孩，没有说话，拿走那杯已被她搅得很混浊的茶，又端来一杯冰冻柠檬茶，只是，茶里的柠檬还是带皮的。原本就心情不好的女孩更加恼火了，她又叫来侍者。

"我说过，茶里的柠檬要剥皮，你没听清吗？"她斥责着侍者。

侍者看着她，他的眼睛清澈明亮。"小姐，请不要着急。"他说道，"你知道吗，柠檬皮经过充分浸泡之后，它的苦味溶解于茶水之中，将是一种清爽甘甜的味道，正是现在的你所需要的。所以请不要急躁，不要想在3分钟之内把柠檬的香味全部挤压出来，那样只会把茶搅得很混，把事情弄得一团糟。"

女孩愣了一下，心里有一种被触动的感觉，她望着侍者的眼睛，问道："那么，要多长时间才能把柠檬的香味发挥到极致呢？"

侍者笑了:"12个小时。12个小时之后柠檬就会把生命的精华全部释放出来,你就可以得到一杯美味到极致的柠檬茶,但你要付出12个小时的忍耐和等待。"

侍者顿了顿,又说道:"其实不只是泡茶,生命中的任何烦恼,只要你肯付出12个小时的忍耐和等待,你就会发现,事情并不像你想象的那么糟糕。"

女孩看着他:"你是在暗示我什么吗?"

侍者微笑:"我只是在教你怎样泡制柠檬茶,随便和你讨论一下用泡茶的方法是不是也可以泡制出美味的人生。"侍者鞠躬,离去。

女孩面对一杯柠檬茶静静地沉思。女孩回到家后自己动手泡制了一杯柠檬茶,她把柠檬切成又圆又薄的小片,放进茶里。

女孩静静地看着杯中的柠檬片,她看到它们在呼吸,它们的每一个细胞都张开来,有晶莹细密的水珠凝结着。她被感动了,她感到柠檬的生命和灵魂正在慢慢地升华,缓缓地释放。12个小时以后,她品尝到了她有生以来从未喝过的最绝妙、最美味的柠檬茶。女孩明白了,这是因为柠檬的灵魂完全深入其中,才会有如此完美的滋味。

门铃响起,女孩开门,看见男孩站在门外,怀里的一大捧玫瑰娇艳欲滴。

"可以原谅我吗?"他讷讷地问。

女孩笑了,她拉他进来,在他面前放了一杯柠檬茶。"让我们有一个约定,"女孩说道,"以后,不管遇到多少烦恼,我们都不许发脾气,定下心来想想这杯柠檬茶。"

"为什么要想柠檬茶?"男孩困惑不解。

"因为,我们需要耐心等待 12 个小时。"

后来,女孩将柠檬茶的秘诀运用到她生活中的各个层面,她的生命因此而快乐、生动和美丽。女孩恬静地品尝着柠檬茶的美妙滋味,品尝着生命的美妙滋味。

### 成 长 智 慧

生命中有些事是不能等的,但有些事却需要慢慢地等。学会慢慢地等,你才能把有些事化解,你才能把有些情感释怀,你才能慢慢品味人生。

# 珍惜现在拥有的一切,别让它悄然地离去

每个人真正的财富,就是现在所拥有的一切。——巴尔扎克

有这样三个故事。

第一个是寓言故事。蔚蓝的大海里,有一条快乐的鱼,它每天在海水中尽情地游动。它和身边许多的鱼说一些它所经历的故事。疲惫时,它就栖息在水草的中间,自由快乐是它的生活原则。但有一天,它遇到了另一条鱼。那条鱼对它说:"我听说,在很远很远的地方,有一个叫大海的地方,有比我们这里更宽阔的水域,那里有许多好玩的东西。也许你的生活会有所改变的。""真的吗?"它问那条鱼。"是的。你去找找吧。"那条鱼开始寻找大海,它游啊游啊,每天疲惫得要死,但也没有看到它要找的大海。有一天,它看到一条正在悠闲游动的鱼,它问那条鱼:"你知道大海在哪里吗?"那条鱼一听就笑了,说:"你现在就在大海里呀!"

还有一个是佛经里的故事。一个青年驾船出海,他经过许多风浪和无数的岛屿,终于在热带雨林里找到了一棵高达十余米的大树。这种大树经过一年的时间让外皮朽烂,木心陈黑的部分会散发出一种迷人的香气。在那片雨林里,像这样的大树只有一两棵。他砍倒了这棵树,把它运到市场上,希望能卖到一个好的价钱,但一直无人问津。市场边上有一个卖木炭的,他的木炭生意每天都很好。于是青年把那棵香树烧成了木炭,一天就卖光了。其实,那棵香树就是世界上少有的"沉香",只要切下一片磨成粉,价值就超过一车木炭的价钱。

最后是一个很俗套的爱情故事。一个年轻的女孩,青春靓丽,每天她都周旋在追求者中间,但没有一个是她真正喜欢的。一天,她收到一封情书。她知道他是谁,那个男孩一直在她的身边,熟悉她的生活。即使她是轻微感冒,他也悄悄地将白加黑一类的药品塞到她的门下。但她一直漠视他的存在。有一天,她终于看到了自己梦想中的白马王子,然后像飞蛾扑火一样义无反顾地投身想象中的爱情,但最后她却发现自己只不过是别人手中的玩物。

### 成 长 智 慧

很多时候,很多人活得很迷糊,甚至迷糊到自己身处幸福却浑然不知,还满怀期待地到处寻找。直到有一天,蓦然回首,却惊讶地发现,自己原本拥有的幸福已悄然离去,而自己却从来不曾珍惜过。

## 做可以做的事，别让每一天轻易地溜走

辛勤的蜜蜂永没有时间悲哀。——布莱克

卓根·朱达是哥本哈根大学的一名学生。有一年暑假他去做导游，因为他总是心甘情愿地提供许多额外的服务，因此几个芝加哥来的游客就邀请他去美国观光，旅行路线包括在前往芝加哥的途中，到华盛顿特区游览一天。

卓根抵达华盛顿以后住进了威乐饭店，他在那里的账单已经预付过了。他这时真是乐不可支，外套口袋里放着飞往芝加哥的机票，裤袋里装着护照和钱。后来当他准备就寝时突然发现皮夹不翼而飞了，他立刻跑到前台那里。

"我们会尽量想办法。"经理说。

第二天早上皮夹仍未找到，卓根的零用钱连两美元都不到，他孤零零一个人在异国他乡，应该怎么办呢？打电报给芝加哥的朋友向他们求援？还是到丹麦大使馆去报告护照遗失？还是坐在警察局里干等？

他对自己说："这些事我一件也不能做。我要好好地看看华盛顿，说不定我以后再也没有机会来了，但是现在仍有宝贵的一天待在这个国家里。好在今天晚上还有机票到芝加哥去，一定有时间解决护照和钱的问题。我跟以前的我还是同一个人，那时我

很快乐，现在也应该快乐。我不能白白浪费时间，现在正是享受的好时候。"

于是他立刻动身，徒步参观了白宫和国会山庄，并且参观了几座大博物馆，还爬到了华盛顿纪念馆的顶端。他去不成原先想去的阿灵顿和许多别的地方，但他看过的，他都看得更仔细。他买了花生和糖果，一点一点地吃，以免挨饿。

等他回到丹麦以后，这趟美国之旅最使他怀念的却是在华盛顿漫步的那一天——如果他没有运用做事的秘诀就会白白浪费的那一天。"现在"就是最好的时候，他知道在"现在"还没有变成"昨天"之前，应把它牢牢地抓住。

五天之后，华盛顿警方找到了他的皮夹和护照，并且送还给他。

## 成 长 智 慧

在某些时候，由于特殊的原因，有些事无法做成，但绝不可以让时间在等待中白白浪费。虽然有些事做不成，但可以去做可以做的事。把握好现在，别让每一天轻易溜走，原先可能是糟糕透顶的一天，也会变成愉快的一天。

## 只有好好地把握住今天，才能创造美好的明天

**名人名言**

过去属于死神，未来属于你自己。——雪莱

在美国华尔街的股票市场交易所，依文斯工业公司是一家保持了长久生命力的公司，可公司的创始人爱德华·依文斯却差点因为绝望而死去。

依文斯生长在一个贫苦的家庭里，刚开始他靠卖报来赚钱，后来在一家杂货店当店员。

八年之后，他才鼓起勇气开始自己的事业。不久，厄运降临了——他替一个朋友背负了一张面额很大的支票，而那个朋友破产了。祸不单行，那家存着他全部财产的大银行倒闭了，他不但损失了所有的钱，还欠债近两万美元。

他经受不住这样的打击，他绝望极了，并开始生起奇怪的病来：有一天，他走在路上的时候，昏倒在路边，以后就再也不能走路了。最后医生告诉他，他只能活两个星期了。

想着只能活十几天了，他突然感到生命是那么的宝贵。于是，他放松下来，好好把握着自己的每一天。

奇迹出现了。两个星期后依文斯并没有死，六个星期以后，他又能回去工作了。经过这场生死的考验，他明白了患得患失是无济于事的，对一个人来说最重要的就是要把握住现在。他以前

一年曾赚过两万美元,可是现在能找到一份周薪三十美元的工作,他就已经很高兴了。正是这种心态,使依文斯的事业发展得非常快。

不到几年,他已是依文斯工业公司的董事长了。正是因为学会了只生活在今天的道理,依文斯才取得了人生的胜利。

## 成长智慧

有句话说得好:昨天属于死神,明天属于上帝,唯有今天属于我们。只有好好地把握住今天,我们才能充分占有和利用好每一个今天,才能挣脱昨天的痛苦和失败,才能创造美好的明天。

## 为了避免留下遗憾,就要走好人生的每一步

**名人名言**

只要用心去生活了,努力去拼搏了,人生便没什么好遗憾的。——惠特曼

大导演史蒂文·斯皮尔伯格决定回到加州大学修完当年没有读完的电影系学分。

1965年,史蒂文·斯皮尔伯格在加州大学电影系二年级时拍了一部22分钟的短片,参加亚特兰大电影节,好莱坞的投资者看了这个短片,马上决定与他签约,斯皮尔伯格因此辍学,到好莱坞发展。事实证明这一步是对的,如果他当年不把握机会,而是要坚持完成学业,他或许成不了大师。

但40年过去了,斯皮尔伯格虽然功成名就,他还是很介意年轻时的学业没有完成。夜深人静时,斯皮尔伯格总听到一个声音对他说:今天你是好莱坞权力最大的人,你的名字是很多年轻演员名气、金钱的保证,但那又怎样呢?你曾经背弃过自己的承诺,无论再有钱、再有名气,你的品格还是有个小小的污点,因为你曾经当过逃兵。

斯皮尔伯格回到大学,用假名重新注册插班,用假名考试交卷,只有几个教授知道他的身份,他的功课与其他学生的功课一起被送交校外的学者审阅。课程要求学生交电影实习作业,斯皮尔伯

格在《辛德勒的名单》中选取了12分钟的影片，还交了《大白鲨》和《第三类接触》的片段。大学电影系助理教授凯利给他的成绩是"良"，评语是"该学生对音响、灯光、剪接和剧本管理颇有驾驭力"。

这位《侏罗纪公园》的主人还辅修了一门叫野生生物的学科。教授说他精于恐龙知识，上课谦卑有礼，除了有一天在课堂上把一只脚搁在了书桌上。他向老师道歉，解释是前一天与儿子一起玩滑板扭伤了腿。教授提醒班上的其他学生，不要用崇拜的眼光看待这个天王级的同学，只把他当成普通人就好。学生们做到了，没有人向他索要签名，但在毕业典礼那天，他们告诉父母：我与史蒂文·斯皮尔伯格同一年毕业。

### 成 长 智 慧

由于种种原因，无论多么成功的人都或多或少地存在某些遗憾。为了避免留下某些遗憾，抑或为了避免日后受这些遗憾的困扰，我们一定要好好地把握现在，脚踏实地地走好人生的每一步。

## 如果想成大事，就必须要有人生的远见

一个有远见卓识的人，才会成就大业。——佩恩

1996年，施薇14岁这一年，她初中毕业。与其他同学不同的是，这么小的年龄，她已经长到了175厘米高，在同学中像个小巨人。如何确定自己未来的发展方向，同学们都考高中了，按常理她也应该按照这条路子走下去，但是施薇有自己的主见，她不能让自己的身高资源浪费了，她报考了南昌市第一职业学校模特表演与设计班。

1997年，念到二年级的她得到消息：江西时装表演艺术团面向社会招生。她心里翻腾起来，去还是不去？去，学业没完成；不去，机会难得，一个人一生能遇到几次这样的机会呢？经过反复思考，她觉得机会更重要，因此她放弃了学业，报考了时装表演艺术团。当时她仅有15岁，却非常有主见了。

随之而来的是艰苦的训练。同学们受不了就哭，她不哭。她说必须得付出，她咬紧牙关挺着。1998年她与同学一起去北京训练，准备参加第二年的"模特之星大赛"。阴差阳错，大赛没有参加成，同学们吃了不少苦，都打道回乡了，她却留了下来。她说："往远一点看，总会有机会。"

机会果然来了。她参加了一次比赛，虽然因为特殊原因没能

获奖，但是请她拍摄企业形象和电视广告的公司找上门来。短短的几个月就有6家公司聘请她。又过了几个月，她在一次比赛中摘取了"1999最佳中国职业时装模特"的桂冠，她成了名模。

一年多的周旋，使她看清了模特比赛的内幕。她说，与其把精力耗在比赛夺冠上，还不如自己另外再开辟一条路。施薇小小的年纪就已经具有了相当成熟的远见，她迈出了与她的年龄很不相称的人生一大步。

施薇17岁时，用自己拼搏挣来的钱注册了模特培训公司——北京欧格美模特培训有限公司，她开始创业。2002年她20岁时，与澳大利亚澳联集团合作，在家乡建起了施薇国际艺术学院。

## 成长智慧

在某些抉择前，没有远见的人只看到眼前的、摸得着的、手边的东西；相反，有远见的人心中装着整个世界。一个人如果想成就一番大事，就必须要有人生的远见——把眼光放长远些，这样才能赢得更多的机会。

## 细心观察身边发生的事情，往往会大有收获

**名人名言**

在做行动者之前，先做好观察者。——门捷列夫

一天，一位埃及法老设宴招待邻邦的君主。法老准备了极丰盛的饭菜，在御膳房里，上百名厨师正在忙着做各种复杂的饭菜。

忽然，一个厨师不慎将一盆油脂打翻在炭灰里，他急忙用手将沾有炭灰的油脂捧到厨房外面倒掉。等他回来用水洗手时，意外地发现手洗得特别干净。厨师非常奇怪，因为平时厨师们洗手时，为了去掉油污，都先用细沙搓一遍，然后再用清水洗。而这次他没用沙子，就将油污洗得很干净。于是，他请别的厨师也来试一试，结果，每个人的手都洗得同样干净。从此以后，王宫的厨师们就用沾有油脂的炭灰洗手。

后来，这件事情让法老知道了，他吩咐仆人按照厨师们的方法把掺有油脂的炭灰制成一块一块的，这就是人类历史上最早的肥皂。

下面我们再来认识三位细心的人。

伟大的物理学家艾萨克·牛顿坐在苹果园的椅子上，他突然看见一只苹果从树上掉了下来。他开始思索，想知道苹果为什么会掉下来，终于他发现了万有引力定律。

一个名叫詹姆斯·瓦特的小男孩静静地坐在火炉边，观察着上下跳动的茶壶盖，他想知道为什么水壶可以使沉重的壶盖移动，他从那时起就一直思考这个问题。长大之后，他发明了蒸汽式发动机。

一个叫伽利略的人在意大利的大教堂内，对往复摆动的吊灯产生了浓厚的兴趣。后来，他从中得到了启发，发明了摆钟。

## 成长智慧

我们的社会之所以会不断地进步，就在于人类会思考，而思考来自于细心的观察。当你细心观察身边发生的事情时，你一定会有很多惊人的发现，而这些发现往往正是你走向成功的开始。

## 一时的粗心大意，会造成严重的后果

**名人名言**

疏忽大意是很多祸端的根源。——赫尔岑

他是杂技团的台柱子，凭借一出惊险的高空走钢丝而声名远扬。

在离地五六米的钢丝上，他手持一根中间黑色、两端蓝白相间的平衡木杆，赤脚稳稳当当地走过10米长的钢丝。他技艺高超，身手灵活，还能在钢丝上从容地做出一些腾跃翻转的动作。多年来，他表演过无数次，从未有过丝毫闪失。

杂技团去外地演出回来的路上，装道具的卡车翻进了山沟，折断了他那根保持平衡的长木杆。团里非常重视，不惜高价找来了粗细相同、长短一致、重量也一样的木杆。直到他觉得得心应手时，团长才请油漆匠给木杆刷上与以前那根木杆相同的蓝白相间的颜色。

又是一次新的演出。在观众的阵阵掌声中，他微笑着赤脚踏上钢丝。助手递给他那根蓝白相间的长木杆。他从左端开始默数，数到第10个蓝块，左手握住，接着他又从右端默数到第10个蓝块，右手握紧，这是他最适宜的手握距离。然而今天，他感到两手间的距离比他以往的长度短了一些。他心里猛地一惊，难道有人将木杆截短了？不可能啊！他小心翼翼地把两手分别向左右移动，一直到适宜的距离才停住。他看了看，两手都偏离了蓝块的中间位置，他一下子对木杆产生了怀疑。

这时，观众席上又一次爆发出雷鸣般的掌声，已经容不得他多想。他握紧木杆，提了一口气，向钢丝的中间走去。走了几步，他第一次没了自信，手心有汗沁出。终于，在钢丝中段做腾跃动作时，一个不留神，他从空中摔了下来，折断了踝骨，表演被迫停止。

事后０检查，那根木杆的长度并没有改变，只是粗心的油漆匠将蓝白色块都增长了一毫米。

## 成 长 智 慧

失之毫厘，谬以千里。在某些事上来不得半点疏忽和草率。虽然有时我们可能只是一时的粗心大意，但却可能会毁掉别人一生的健康和幸福。如果我们用点心思就能把事情做好的话，那么就千万不要粗心大意。

## 所有的荣誉都像玩具，只能玩玩而已

为荣誉所累，是一种最不划算的愚蠢行为。——莎士比亚

居里夫人因取得了巨大的科学成就而闻名天下，她一生获得各种奖金 10 次，各种奖章 16 枚，各种名誉头衔 117 个，但她对此全不在意。

有一天，她的一位女朋友来访，忽然发现她的小女儿正在玩一枚金质奖章，而那枚金质奖章正是大名鼎鼎的英国皇家学会刚刚颁给她的，朋友不禁大吃一惊，忙问："玛丽，能够得到一枚英国皇家学会颁发的奖章是极高的荣誉，你怎么能给孩子玩呢？"

居里夫人笑了笑说："我是想让孩子从小就知道，荣誉就像玩具，只能玩玩而已，决不能够永远守着它，否则将一事无成。"

1921 年，居里夫人应邀访问美国。美国人民为了表示对她崇敬之情，主动捐赠给她 1 克镭，要知道，当时 1 克镭的价值在百万美元以上。

这是她急需的。虽然她是镭的母亲——发明者和所有者（但她放弃为此而申请专利），但她买不起昂贵的镭。

在赠送仪式之前，当她看到《赠送证明书》上写着"赠给居里夫人"的字样时，她不高兴了。

她声明说:"这个证书还需要修改。美国人民赠送给我的这1克镭永远属于科学,但是假如就这样规定,这1克镭就成了我的私人财产,这怎么行呢?"

主办者在惊愕之余,打心眼里佩服这位大科学家的高尚人品,马上请来一位律师,把证书修改后,居里夫人才在《赠送证明书》上签字。

### 成 长 智 慧

我们应该珍惜得之不易的荣誉,但不要过于看重它。荣誉就像玩具,只能玩玩而已,但不可一味地沉湎其中,否则就容易玩物丧志。荣誉不过是昨天取得的成就,要想取得更大的成就,就必须不断地积极进取。

# 结束语

生活不会看你流泪，就格外开恩；人生不会看你落魄，就格外眷顾。所以，不要在该奋斗的年龄选择懒惰，不要在该吃苦的时候选择安逸。很多人都在生活中坚强地负重前行，没有谁在乎你的不如意。自己不坚强，没人替你勇敢。你不勇敢，谁替你坚强？

别指望别人的帮助，你只能靠自己走你的路。人生就如同攀岩，靠别人只会一起坠落，只有松开手独自翻越，你才能稳步向上。只有靠自己，才能抵挡一切风雨，才能活得自在安心。

我们在漫长的人生道路中，会遭遇许多挫折与失败。在挫折和失败面前，我们要选择勇敢面对。勇敢产生勇气，勇气产生力量。你有勇气有力量，你就能成为强者。

你若勇敢，一路的风霜都会化为春风，轻抚你美好的未来。